Cornelia Tschischke

Katzenglück aus zweiter Hand

Cornelia Tschischke

Katzenglück
aus zweiter Hand

Eine Katze aus
dem Tierschutz

Oertel+Spörer

Bildnachweis:

Titelbild: Charlotte Widmann
Innenteilbilder:
Dr. Gabriele Lehari S. 6, 10, 11, 12, 29, 36, 39, 44, 46, 49, 60, 67, 70, 73, 77, 80, 82, 84
Charlotte Widmann S. 8, 16, 18, 22, 31, 34, 41, 51, 54, 57, 64, 69, 86, 92
Alle anderen Bilder von der Autorin

Haftungsausschluss:

Die Hinweise in diesem Buch wurden von der Autorin sorgfältig recherchiert und geprüft. Es können jedoch keinerlei Garantien übernommen werden. Eine Haftung der Autorin bzw. des Verlags und seiner Beauftragten für Personen-, Sach- und Vermögensschäden ist ausgeschlossen. Sämtliche Teile des Werks sind urheberrechtlich geschützt. Jede Verwertung außerhalb der engen Grenzen des Urheberrechtsgesetzes ist ohne die schriftliche Zustimmung des Verlags und der Autorin unzulässig und strafbar. Dies gilt insbesondere für Vervielfältigungen, Übersetzungen, Mikroverfilmungen und die Einspeicherung und Verarbeitung in elektronischen Systemen.

Bibliografische Information der Deutschen Nationalbibliothek
Die Deutsche Nationalbibliothek verzeichnet diese Publikation in der Deutschen Nationalbibliografie; detaillierte bibliografische Daten sind im Internet über http://dnb.d-nb.de abrufbar.

© Oertel+Spörer Verlags-GmbH+Co.KG · 2012
Postfach 16 42 · 72706 Reutlingen
Alle Rechte vorbehalten
Schrift: 9,5/14,5 p Meta Plus
Lektorat: Dr. Gabriele Lehari
DTP und Repro: raff digital gmbh, Riederich
Druck und Bindung: Oertel+Spörer Druck und Medien-GmbH+Co., Riederich
Printed in Germany
ISBN 978-3-88627-844-2

Inhalt

Vorwort 7

Die Entscheidung 9
Warum gibt es überhaupt so viele Katzen im Tierheim? 9
Kastrationspflicht in Deutschland? 10
Häufige Bedenken 13
- Tierschutzkatzen sind nicht immer krank ... 13
- Gute Pflege im Tierheim 14
- Warum kosten Tierheimkatzen etwas? 14

Das Finden 19
Katzen aus dem Tierheim 19
- Der erste Besuch 20
- Organisatorisches 23
Das virtuelle Tierheim 24
- Wann Vorsicht geboten ist 25
- Das Abholen muss gut organisiert sein 27
Katzen aus dem Ausland 27
- Die Katzen von Rom – ein Beispiel 28
- Mögliche Mittelmeerkrankheiten 29
- Die Einreise 29
Eine Katze aus dem Urlaub mitbringen ... 30
Darf's auch etwas älter sein? 32
Einen Pflegeplatz anbieten 33

Die ersten Wochen 35
Wichtige Vorbereitungen 35
- Achtung Unfallgefahr 35
- Die Grundbedürfnisse 37
- Schlafen und Spielen 38
Der Einzug 42
- Die Kontaktaufnahme 43
- Die täglichen Rituale 43
Katzen und Kinder 45
Katzen und Hunde 47
Katzen und Artgenossen 47
Was die Samtpfoten mögen 49
- Die Freigänger 50
- Die Katze soll sich wohlfühlen 52
Das richtige Maß 53
- Das stille Beobachten 55
Ein Blick auf die Gesundheit 57
- Woran man eine gesunde Katze erkennt 58

Mögliche Probleme 61
Kummer und Ängste 61
- Der Artgenosse als Therapeut 62
- Aussperren ist wie eine Bestrafung 65
- Zweisamkeit ist wichtig 66
Aggression und Eifersucht 66
- Aggression ist nicht angeboren 68
- Gewöhnung an andere Katzen 71

Inhalt

Unterforderung 73
   Richtig Spielen mit Katzen 73
   Erziehung und Beschäftigung 74
Unsauberkeit 76
   Markieren 76
   Physische und psychische Ursachen 78
   Was kann man tun? 79
Der siebte Sinn 81
Happy End mit Second Hand 83

Kleine Geschichten 87
   Meister Mike 87
   Drei auf einen Streich 90
   Bonny 92
   Mimmi 95

Vorwort

Liebe Katzenfreunde,

es freut mich sehr, dass Sie sich mit dem Gedanken tragen, einer Katze aus dem Tierschutz ein neues Zuhause zu geben. Katzen gehen, wie wir Menschen auch, unterschiedlich mit ihren Lebenserfahrungen um. Es gibt die unverwüstlichen „Stehaufmännchen" genauso wie die vom Schicksal Gezeichneten. Irgendwann einmal oder von Anfang an hatten diese Tiere Pech in ihrem Leben und gerieten unverschuldet in Not, wobei diese Not oft genug von uns Menschen verursacht wurde.

Gewähren wir ihnen nun unseren fürsorglichen Schutz, also unsere Obhut, geben wir diesen Tieren in gewisser Weise „den Wert des Lebens" zurück, indem wir es für sie wieder lebenswert machen. Und da Katzen wahre Lebenskünstler sind, gewinnen sie früher oder später das Vertrauen und lernen wieder das Genießen.

Diese Entwicklung begleiten und fördern zu dürfen, ist eine der erfüllendsten Erfahrungen in meinem Leben und ich möchte Ihnen mit diesem Buch eine Unterstützung dabei an die Hand geben.

Wie ein Freund soll es Sie begleiten, der einen Rat weiß, der Mut macht und manchmal einfach nur da ist. Vielleicht lesen Sie an schlechten Tagen eine der kleinen Geschichten. Oder Sie erkennen immer mehr das Besondere an „Ihrer Katze", denn jedes dieser faszinierenden Geschöpfe ist einzigartig und bezaubernd.

Katzen danken unsere Obhut auf ihre Weise, indem sie uns teilhaben lassen an ihrer reichen Gefühlswelt, an ihrem unvergleichlichen Charme und an ihrer Würde, die auch Tierschutzkatzen nie verloren haben. Diesen „Dank" zu erfahren, wünsche ich Ihnen von Herzen.

Mögen Sie und Ihr(e) Samtpfötchen behütet sein!
Ihre Cornelia Tschischke

> „Und hat sie alles verloren,
> so bleibt doch ihre Würde."
>
> (Cornelia Tschischke)

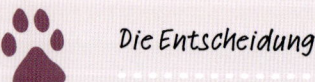

Die Entscheidung

Die Entscheidung

Jährlich werden in einem durchschnittlichen Tierheim etwa dreihundert Katzen aufgenommen und wieder an neue Besitzer vermittelt. Ein Grund für die jährliche „Katzenschwemme" in den Tierheimen ist die starke unkontrollierte Vermehrung, die zu einer großen Population führt. Durch ein unkastriertes Pärchen, das sich gewöhnlich zweimal jährlich paart – ebenso wie später ihre Nachkommen – können in fünf Jahren mehrere Tausend Katzen geboren werden.

Warum gibt es überhaupt so viele Katzen im Tierheim?

In Deutschland gibt es immer noch um die zwei Millionen Streunerkatzen. Früher entledigte man sich der ungewollten Nachkommen häufig auf grausame Weise, heute ist Kastration, auch auf Bauernhöfen, kein Fremdwort mehr. Trotzdem gibt es im Frühjahr und im Herbst immer noch sehr viele Katzenwelpen und nicht selten landet der ganze Wurf im Tierheim. Viele Jungtiere stammen auch aus Haushalten, die ihrer Katze wenigstens einmal die Mutterschaft gönnen wollten, und nun keine Abnehmer für die Kleinen finden. Hinzu kommen dann die sogenannten Fundtiere. Diese Katzen sind entweder ausgesetzt worden, zugelaufen oder Streuner – manchmal trifft auch alles zu.

Bei Fundtieren wird versucht, deren Halter ausfindig zu machen, was auch häufig funktioniert. Diese Katzen hatten sich meistens zu weit von ihrem eigentlichen Zuhause entfernt und wurden von tierlieben Menschen ins Tierheim gebracht. Viele dieser Fundtiere werden aber nicht wieder abgeholt und daher später weitervermittelt. Und dann gibt es da noch die sogenannten Abgabetiere. Das sind die Katzen, die ihr Zuhause durch Umzug, Trennung, Tod ihrer Bezugsperson oder aufgrund von Problemen im Zusammenleben mit den Menschen verloren haben. Ein häufiger Abgabegrund bei Katzen ist die Unsauberkeit oder eine plötzliche Katzenhaarallergie eines Familienmitglieds. Aber auch Schwangerschaft oder Zeitmangel sind häufige Argumente.

> *Gesellschaftliche und wirtschaftliche Einflüsse spiegeln sich eben immer auch in sozialen Einrichtungen wieder. So geht es in wirtschaftlich „schlechten Zeiten" auch den Tieren schlechter, weil die finanzielle Versorgung nicht mehr gesichert ist.*

Manchmal ist die Abgabe auch unfreiwillig und zahlreiche vernachlässigte Katzen werden aus schlechten

Die Entscheidung

Freigänger sollten auf alle Fälle kastriert werden, um die Population der Katzen nicht unnötig zu vergrößern.

schen wie Tiere müssen immer flexibler werden und sich den unterschiedlichsten Bedingungen anpassen lernen. Nicht jede Katze eignet sich dafür und wird dann im Tierheim „entsorgt".

Im süd- und osteuropäischen Raum sind die genannten Probleme noch extremer und trotz Kastrationsprogrammen gelingt es dort kaum, das „Katzenproblem" in den Griff zu bekommen. Tierheime vor Ort können meist nur Rassekatzen oder Jungtiere weitervermitteln und sehen ihre einzige Chance in der Auslandsvermittlung. So unterstützen auch einige deutsche Tierheime, je nach Kapazität, im Ausland tätige Tierschutzorganisationen und verhelfen vielen „Notfellchen" zu einem Happy End.

Der Auslandstierschutz sorgt immer wieder für Diskussionen, ist aber – angesichts der verheerenden Missstände in vielen Nachbarländern – inzwischen fester Bestandteil des allgemeinen Tierschutzes und findet immer mehr Verständnis.

Verhältnissen (wie etwa animal hoarding, eine Art Tiersammelsucht) beschlagnahmt. Oder die einstigen „Kuschelpfötchen" passen in unserer schnelllebigen Zeit plötzlich nicht mehr in die Lebensplanung. Men-

Kastrationspflicht in Deutschland?

Da die Anzahl frei lebender Katzen auch in Deutschland dramatisch zunimmt, wird in vielen Städten und Kom-

Kastrationspflicht in Deutschland?

Auch in einem Tierheim werden Katzen sehr gut gepflegt.

munen derzeit über die Katrationspflicht diskutiert, vereinzelt wird sie auch schon umgesetzt. Die Tierheime sind räumlich und finanziell hoffnungslos überfordert, einige haben aufgrund dieser Probleme bereits einen Aufnahmestopp. Die meisten Bundesländer setzen bisher, statt auf Bußgeld, noch auf die Vernunft der Freigänger-Katzenhalter, ihre Tiere kastrieren zu lassen und damit wenigstens deren Fortpflanzung zu verhindern. Langfristig würde damit auch die Population der wild lebenden Streunerkatzen eingeschränkt, bei denen es

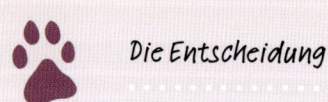

Die Entscheidung

Katzen mit einem ausgeprägte Freiheitsdrang sind nicht als reine Wohnungskatzen geeignet.

sich meist um entlaufene oder ausgesetzte Tiere oder deren Nachkommen handelt.

Das wäre ein erster Schritt, um den Kreislauf zu unterbrechen, der für viele frei lebende Katzen auch großes Leid bedeutet. Denn sie und ihr Nachwuchs sind oft krank, unterernährt oder verletzt. Täglich müssen sie ums Überleben kämpfen und sind großen Gefahren ausgesetzt. Wenn wir also als verantwortlicher Katzenbesitzer durch die Kastration mithelfen können, diesem Problem Herr zu werden, sollten wir auf Nachwuchs unserer eigenen Tiere verzichten. Junge Kätzchen, die uns natürlich alle bezaubern, wird es im Tierheim immer wieder geben, und die haben dann wirklich alle eine Chance auf ein angenehmes Leben. Kastriert, versteht sich …

Häufige Bedenken

Nach der grundsätzlichen Entscheidung, sich eine Katze anzuschaffen, gibt es nicht selten Uneinigkeit darüber, ob es eine Rassekatze sein soll, ein junges Kätzchen oder eine „arme" Katze aus dem Tierheim. Das eine schließt aber das andere, bedingt durch die Vielfalt im Tierheim, nicht aus.

Und wo Vielfalt herrscht, gibt es natürlich auch die unterschiedlichsten Charaktere. So leiden nicht alle Katzen im Tierheim, manche blühen sogar regelrecht auf bei guter Pflege und in bester Gesellschaft. Natürlich gibt es aber – aufgrund ihrer Vorgeschichte – auch die scheuen, verstörten und traurigen „Stubentiger", die erst wieder Vertrauen aufbauen müssen. Das sind keine Verhaltensstörungen, sondern ganz natürliche Stress-Reaktionen auf entsprechende Ereignisse, die noch nicht ganz verarbeitet sind.

Tierschutzkatzen sind nicht immer krank

Auch die Befürchtung, mit dem Kätzchen aus dem Tierheim trägt man sich die verschiedensten Krankheiten ins Haus, ist meistens unbegründet. Der Gesundheitszustand wird im Tierheim regelmäßig überprüft und die Neuankömmlinge werden vorerst in der Quarantänestation untergebracht, um einer eventuellen Ansteckung vorzubeugen. Es gibt immer wieder Fälle, da wird Unsauberkeit als Abgabegrund genannt, und erst im Tierheim wird eine körperliche Erkrankung als Ursache festgestellt. Oder eine bestehende Krankheit wird absichtlich vom früheren Besitzer verschwiegen aus Angst, das Tier würde dann nicht aufgenommen werden.

Für einige Katzen ist also das Tierheim eine Chance auf Genesung. Und bei einer chronischen Erkrankung wird den neuen Besitzern eine nötige Medikation im-

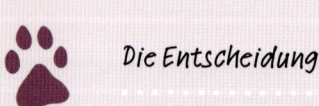

Die Entscheidung

mer mitgeteilt. Eine allgemeine Ansteckungsgefahr ist natürlich – trotz aller Vorsicht – immer dort prozentual höher, wo viele Tiere in Gruppen gehalten werden. Die kranken Katzen werden aber separat untergebracht und erst nach vollständiger Genesung wieder vermittelt.

Gute Pflege im Tierheim

Viele Menschen scheuen den Besuch im Tierheim allerdings aus anderen Gründen. Sie glauben, den Anblick der verlassenen, traurigen Tiere nicht ertragen zu können. Der Begriff Tierheim steht immer noch für die Vergessenen, für die Underdogs oder besser „Undercats", die keiner mehr haben will und hier dahinvegetieren. Auch wenn heute jedes Tierheim mittels fröhlicher Aktionen und verbesserter Unterbringung hart an seiner positiven Außendarstellung arbeitet, bleiben doch der traurige Beigeschmack und die Konfrontation mit der Schattenseite unserer tierlieben Gesellschaft.

Meist sind diese Menschen dann positiv überrascht, wenn sie das erste Mal das „Katzenhaus" betreten und die saubere, gepflegte Unterbringung samt liebevoller Betreuung erleben. Das schönste Tierheim ist natürlich trotzdem kein Ersatz für ein behagliches, harmonisches Zuhause mit eigenem „Dosenöffner"

und Rundumbetreuung. Deshalb bemühen sich Tierheime auch um eine zügige Vermittlung, was bei älteren Katzen mit besonderen Vorlieben allerdings oft sehr schwierig ist. Da heißt es zu warten auf genau die „Richtigen", denn es wird immer zum Wohl des Tieres entschieden. Eine Katze etwa, die erheblichen Freiheitsdrang zeigt, wird sich als reine Wohnungskatze kaum wohlfühlen. Da hilft dann auch kein eingezäunter Balkon. Und so ist der Tierheimaufenthalt für einige „Sorgenkinder" länger als gewünscht.

Womit wir schon beim nächsten Thema wären. Es herrscht immer noch Unverständnis darüber, dass Katzen aus dem Tierschutz etwas kosten. „Die müssten doch froh sein, wenn man ihnen eine abnimmt!", wird häufig argumentiert. Dann soll man auch noch einen Vertrag unterschreiben und dulden, dass die Leute vom Tierheim zu Hause bei einem auftauchen und kontrollieren, ob alles katzengerecht ist.

Warum kosten Tierheimkatzen etwas?

Die sogenannte Vermittlungsgebühr, die örtlich variiert, ist eine Schutzgebühr, mit der man verhindern will, dass sich unseriöse Menschen an den „billigen" Tierheimkatzen in irgendeiner Form bereichern wollen oder Missbrauch treiben, sei es durch Handel, Zucht

Häufige Bedenken

oder Schlimmeres. Es soll also mit dieser Gebühr das Tier geschützt werden. Der „Kontrollbesuch" hat den gleichen Grund. Hier wird nicht nach der Wohnungseinrichtung geschaut, sondern zum Beispiel bei Freigängern, ob auch keine verkehrsreichen Straßen in der Nähe sind, und bei reinen Wohnungskatzen, ob genügend Beschäftigungsmöglichkeiten angeboten werden und eventuell der Balkon gesichert ist. Diese Besuche sind oft sehr sinnvoll, weil die katzenerfahrenen Menschen vom Tierheim oder einer Tierschutzorganisation wertvolle Tipps zur Haltung und den richtigen Umgang geben können.

Außerdem muss man bei der Schutzgebühr bedenken, dass Haltung und Pflege sowie Impfungen, Kastration oder sonstige Behandlungen für viele Katzen eine Menge Geld verschlingen. Die Vermittlungsgebühr ist manchmal nur ein kleiner Teil dessen, was die Katze tatsächlich an Kosten verursacht hat. Bei verunfallten Katzen, die eine Operation und eine lange Nachbehandlung benötigen, wird das wohl am deutlichsten. Und so gleichen sich die Kosten wieder aus.

Manche Katze war gesund und munter nur eine kurze Zeit im Tierheim und „kostet" genauso viel wie ihre Nachbarin, die gesund gepflegt, kastriert und geimpft werden musste. Trotzdem könnte sich kein Tierheim allein durch die Vermittlungsgebühren finanzieren. Auch ein Zuschuss von Städten und Kommunen deckt die Kosten nicht und bezieht sich nur auf Fundtiere. Es bedarf also überall zusätzlicher Einnahmequellen wie Spenden, Patenschaften, Mitgliedschaften, Erbschaften und vielfach auch Sachspenden wie Futter.

Oft findet nach mehreren Wochen auch ein nochmaliger Besuch statt, um sich vom Wohlbefinden der Katze zu überzeugen. Dies mag alles etwas aufwendig anmuten, ist aber dringend nötig, auch um den sogenannten „Rücklauf" einzuschränken. Denn manchmal landen vermittelte Katzen nach einigen Wochen wieder im Tierheim, sei es, weil einfach die „Chemie" nicht passt, die Katze nicht schmusig genug ist oder ein Familienmitglied keinen Zugang findet. Manchmal passt auch der Katze ihr neues Daheim nicht und sie zeigt dies durch Aggression oder eben Unsauberkeit. Dann ist ein Ende mit Schrecken besser für alle Beteiligten und die Katze bekommt eine erneute Chance, „ihren" Platz zu finden.

> *Der Schutzvertrag oder Übergabevertrag dient auch dem Tierschutz, indem sich der neue Tierhalter verpflichtet, verantwortungsvoll mit dem Tier umzugehen, bei Problemen den Kontakt zu suchen oder das Tier auch wieder zurückzugeben, sollte er nicht mehr in der Lage sein, sich entsprechend darum zu kümmern.*

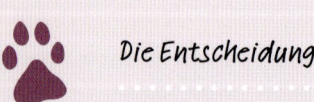

Die Entscheidung

Vorteile

Man muss sich im Klaren sein, dass jedes Samtpfötchen aus dem Tierheim, bis auf die ganz jungen, immer auch eine Geschichte hat. Genau das kann aber von Vorteil sein, weil man bei Katzen, die von ihren bisherigen Besitzern abgegeben wurden, einiges über deren Bedürfnisse, Vorlieben und auch den Charakter erfahren kann. So weiß man schon im Vorfeld, ob ein Zusammenleben überhaupt funktionieren könnte. Auch über die Fundtiere weiß das Tierheimpersonal nach einigen Wochen mehr bezüglich Verhalten und Persönlichkeit und kann entsprechend Auskunft geben. Man holt sich also keinesfalls „die Katze im Sack", sondern kann sich einen Überblick verschaffen und eine Entscheidung treffen, sofern nicht die Katze entscheidet. Aber dazu später mehr.

Jede Katze aus dem Tierheim hat auch eine Vorgeschichte.

Vorteile

Wer eine Katze aus dem Tierschutz übernimmt, bekommt Hilfe und Unterstützung während der Eingewöhnungsphase und kann sich dabei auf den reichen Erfahrungsschatz der Tiervermittler verlassen. Sollte es trotz aller Bemühungen nicht klappen, hat man durch den Schutzvertrag die Möglichkeit, die Katze wieder zurückzubringen. Deshalb gibt es auch den Ausdruck „Probewohnen". Diese Zeit, meistens vier bis sechs Wochen, erlaubt eine erste Einschätzung, ob es für beide Seiten ein Happy End geben kann oder nicht.

Auch seriöse Auslands-Tierschutzorganisationen arbeiten auf diese Weise zum Wohl des Tieres. Dort braucht es dann genügend Pflegestellen, um die eventuell zurückkommenden Katzen wieder unterzubringen.

Ein weiterer Vorteil besteht „leider", wie bereits angesprochen, in der großen Auswahl. Klein, groß, dick, dünn, alle Farben, alle Charaktere sind vertreten – und natürlich auch Rassekatzen. Der meistgehörte Spruch ist deshalb auch: „Am liebsten würde ich alle mitnehmen!"

Der entscheidende und häufigste Grund für die Aufnahme einer Tierheimkatze ist und bleibt wohl der Tierschutzgedanke. Es ist also vorrangig eine Herzensentscheidung. Immer mehr Menschen setzen sich mit der globalen Problematik auseinander und helfen deshalb gern einem Tier in Not. Auch positive Erfahrungsberichte anderer Tierbesitzer erhöhen die Bereitschaft zu helfen.

Von unschätzbarem Wert aber ist die eigene Erfahrung, das „Aufblühen" eines ehemals „armen Kätzchens" miterleben zu dürfen. Dieses Glücksgefühl ist unbeschreiblich und lässt alle vorherigen Bedenken vergessen.

Hat man sich dafür entschieden, einer Katze „aus zweiter Hand" eine neue Chance zu geben, stellt sich natürlich die Frage: Wo finde ich die richtige Samtpfote und welche Organisation soll ich unterstützen? Hierfür gibt es verschiedene Möglichkeiten.

> *Wer einmal einem Tier eine „zweite Chance" ermöglicht hat, wird es immer wieder tun und somit dazu beitragen, das Elend zu verringern – sei es hier in Deutschland oder in anderen Ländern. Die Welt wird sich dadurch nicht so schnell ändern, aber für jedes dieser Geschöpfe ändert sich die Welt.*

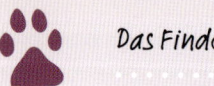

Das Finden

Das Finden

Katzen aus dem Tierheim

Der Vorteil eines Besuchs im Tierheim ist, dass man die Tiere dort sehen und erleben kann und zudem kompetente Ansprechpartner vor Ort hat, sollte es trotz aller Bemühungen Probleme geben. Für den Besuch sollte man sich Zeit nehmen – geht es doch um ein neues Familienmitglied, das, im besten Fall, viele Jahre mit einem zusammenlebt. Außerdem ist man erst einmal überwältigt beim Anblick all der großen, erwartungsvollen Augen und der süßen „Schnäuzchen".

Auch auf Überraschungen sollte man sich einstellen, denn es passiert nicht selten, dass letztendlich die Entscheidung für ein Kätzchen fällt, dass so gar nicht den ursprünglichen Wünschen und Vorstellungen entspricht. Oder man geht unverrichteter Dinge wieder nach Hause, weil man sich aufgrund des „Überangebotes" einfach nicht entscheiden konnte und sich die Eindrücke erst setzen müssen.

Im Tierheim-Alltag ist dies alles an der Tagesordnung, die Mitarbeiter wissen um die „Qual der Wahl" und stehen deshalb auch hilfreich zur Seite. Ein paar persönliche Auskünfte seitens der Interessenten über Familienstand, Alltag und Umfeld erleichtern dabei die Auswahl.

Reine Wohnungskatzen sollten in einem berufstätigen Haushalt immer als Pärchen einziehen, denn sie lieben und brauchen Gesellschaft. Der frühere Mythos vom Einzelgänger ist längst widerlegt.

Nur die Tiere, die schon seit Jahren unfreiwillig allein leben, werden dadurch zu Einzelgängern und tun sich schwer mit Artgenossen. Ursprünglich sind sie sehr sozial und fühlen sich wohler mit einem Kumpel an der Seite. Hat man schon eine ältere anspruchsvolle Samtpfote zu Hause, ist die Zusammenführung mit einem ähnlichen, gleichgeschlechtlichen Tier meist erfolgreicher. Ein etwa gleiches Alter, ein ähnlicher Charakter und sogar ein ähnliches Aussehen können dann von Vorteil sein. Ältere, lebhafte, selbstbewusste Kater kommen manchmal mit einem jungen Kätzchen, das noch nicht als vollwertiger Rivale angesehen wird, besser klar. Denn die Weibchen werden von ihnen oft unterdrückt, aber ein junges Tier sieht die Sache eher spielerisch und kann auch die anfängliche Ablehnung besser verkraften.

Kinder wollen gern flauschige Spielgefährten, deshalb zieht es sie meistens zu den reizenden Katzenwelpen.

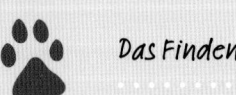

Das Finden

Bei den ganz jungen Tieren ist zu bedenken, dass sie alles noch lernen müssen und Wohnungseinrichtung, Pflanzen und Tapeten schon Schaden nehmen können. Die Kätzchen sind vielleicht noch nicht ganz stubenrein und die spätere Kastration steht auch noch an. Sind sie allein zu Hause, kann ihnen allerhand Unfug einfallen und es ist einiges an Aufwand nötig, etwaige Gefahrenquellen zu entfernen. Junge Katzen gewöhnen sich erfahrungsgemäß eher an einen lebhaften Haushalt mit Kindern, wobei es natürlich auch Ausnahmen gibt. Und Katzen, die schon früher in einer Familie, vielleicht noch mit Hund, gelebt haben, bevorzugen auch künftig ein reges Treiben.

Die fachmännische Beratung vor Ort macht also durchaus Sinn, damit man die Suche eingrenzen kann und auch beiden Seiten gerecht wird.

So weit die Theorie!

Der erste Besuch

Man geht also durch das „Katzenhaus" und hört die unterschiedlichsten Geschichten. Da gibt es vielleicht das junge Geschwister-Pärchen, das auf keinen Fall getrennt werden sollte, oder die beiden älteren Katzendamen, deren enge Freundschaft erst im Tierheim entstanden ist und die nun gemeinsam ihren Lebensabend verbringen sollten. Auch die Scheuen und Ängstlichen, die sich während der Besuchszeiten in die hinterste Höhle flüchten und am liebsten unsichtbar wären, findet man bei genauem Hinsehen. Manche haben vielleicht, bedingt durch Unfall oder Krankheit, ein kleines Handicap, etwa nur ein Auge oder ein verformtes Pfötchen. Sie kommen aber in der Regel gut zurecht mit ihren Behinderungen. In der Freiluftanlage oder den Außenzwingern wird man eher die „Frischluftfanatiker" antreffen, die auch künftig Freigang begehren. Und es gibt unnahbare Schönheiten und „redselige" Gesellige, die gern zusammen kuscheln. Alles ist vertreten.

Ein erster Eindruck ist also möglich, wenngleich sich erwachsene Katzen im Tierheim stressbedingt oft auch anders verhalten als später nach ein paar Monaten im neuen Zuhause. Erst wenn sie richtig „angekommen" sind, zeigen die sensiblen Samtpfoten vollends ihr wahres Naturell, das man im Tierheim manchmal nur erahnen kann. Deshalb ist es durchaus von Vorteil, wenn man mehr über die Lebensgeschichte einer Katze in Erfahrung bringen kann.

Eine frühere Bauernhofkatze wird wahrscheinlich auch künftig sehr selbstständig und unabhängig sein, obwohl sie ein sicheres, warmes Plätzchen durchaus zu schätzen weiß. Ein Tier, dessen Besitzer verstorben

Katzen aus dem Tierheim

Auch wenn Katzen im Tierheim sehr gut untergebracht sind, sehnen sie sich doch nach einem neuen Zuhause.

ist, wird eine Zeit lang trauern, und Tiere, die bisher kein gutes Leben hatten, werden länger brauchen, um ihrem neuen Glück zu trauen.

Manchmal entscheiden aber auch die Katzen selbst, welchen „Dosenöffner" sie künftig in ihr Leben lassen.

Es sind die menschenbezogenen Katzen, die bisher nur gute Erfahrungen mit Zweibeinern gemacht haben, und jeden Besucher freundlich begrüßen und umschmeicheln. Dann ist das Eis schnell gebrochen. Die vermeintlich „Auserwählten" erliegen dem unvergleichlichen Charme und lassen sich gern erobern.

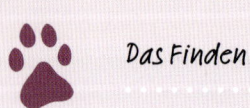

Das Finden

Erwachsene Katzen verhalten sich im Tierheim oft sehr zurückhaltend und „tauen" dann erst im neuen Heim so richtig auf.

Katzen aus dem Tierheim

Vergessen sind alle bisherigen Kriterien in puncto Aussehen und Charakter: eins zu null für die Katze, die das richtige Gespür hatte!

Die sich nicht trauen, haben deshalb oft das Nachsehen, wobei gerade sie, wenn sie auftauen, meist eine besondere Bindung zu ihren Menschen eingehen. Fremden gegenüber werden sie auch künftig scheu und misstrauisch sein, das Vertrauen zu ihren Bezugspersonen ist aber unerschütterlich. Bei Freigängern kann diese Vorsicht großen Schutz bedeuten, weil sie nicht gleich mit jedem mitlaufen und sich nicht anfassen oder wegtragen lassen.

So hat alles seine zwei Seiten. Also vielleicht nochmal zurückgehen, zu dem verschreckten Kätzchen in der Ecke …

> *Eine Möglichkeit besteht auch darin, wenn die Wege nicht zu weit sind, langsam den Kontakt aufzubauen und die schüchterne Mieze öfter zu besuchen. Dann ist die Umstellung nicht gar so groß und man kennt sich bereits. Bei Hunden im Tierheim wird dies oft praktiziert und die schrittweise Annäherung funktioniert auch bei Katzen sehr gut.*

Organisatorisches

Letzten Endes ist es immer eine „Bauchentscheidung" und die folgenden Monate werden zeigen, ob sich die anfängliche Sympathie vertiefen lässt. Gleich mitnehmen kann man das Kätzchen wahrscheinlich nicht, es sei denn, die Vorkontrolle hat schon stattgefunden. Dann ist noch der Schutzvertrag zu unterzeichnen, die Schutzgebühr zu entrichten, der Impfpass zu übergeben und für die Katze beginnt ein neues Leben.

Oft gibt es auch einen Vorvertrag, also noch nichts Endgültiges, weil erst die nächsten Wochen zeigen, ob es wirklich funktioniert mit dem neuen Familienmitglied. Die Katze wohnt in dieser Zeit sozusagen auf Probe und geht erst durch den späteren Vertrag in den Besitz ihrer neuen Familie über. Man kann also, wie schon erwähnt, nicht einfach ins Tierheim gehen und sich ein Kätzchen „kaufen". Die genannten Regelungen und Abläufe sind – zum Wohl der Tiere – sehr wichtig, um sicherzustellen, dass sie in gute Hände kommen. Auch wird damit außerdem vermieden, dass vor allem junge Katzen nicht als schnelles Geschenk dienen und dann vielleicht ebenso schnell wieder entsorgt werden.

Tierheimmitarbeiter freuen sich immer, wenn man ihnen nach ein paar Tagen des Eingewöhnens ein vorläufiges Feedback zum Stand der Dinge zukommen

Das Finden

lässt. Dann wissen sie, dass die neuen Besitzer sich kümmern und können zugleich noch Tipps geben zum guten Gelingen.

Manche Tierheime führen Interessentenlisten für Tiere, die in naher Zukunft abgegeben werden sollen. Foto und Beschreibung werden dann schon vorab veröffentlicht und Interessenten können ihre Kontaktdaten hinterlassen.
Die Katze muss dann vielleicht gar nicht den Umweg über das Tierheim nehmen, sondern wird gleich in das neue Heim gebracht. Das erspart dem Tierheim Platz und Geld und dem Tier den Stress. Also eine durchaus erfolgversprechende neue Idee.

Die meisten Tierheime bieten regelmäßig einen Tag der offenen Tür, an dem man sich über die Arbeit des Tierheims, den Ablauf und die Gebühren erkundigen kann. Man hat die Möglichkeit, sich auszutauschen und einen Überblick zu verschaffen. Für eine Adoption eignen sich diese Tage weniger, weil der Besucheransturm den Tieren einiges an Stress bereitet und sie sich durch die Aufregung lieber zurückziehen wollen. Das zusätzliche Unterhaltungsprogramm an solchen Aktionstagen erleichtert aber vielen Menschen den Zugang zu den Themen Tierheim und Tierschutz und die Mehreinnahmen sind für die Einrichtungen unverzichtbar. Oft entstehen daraus neue Patenschaften, neue Mitglieder, neue Helfer und auch neue Freundschaften zwischen Mensch und Tier.

> *Ein Tierheim ist nicht nur ein Ort der Traurigkeit, sondern auch ein Ort der Hoffnung. Es ist eine Begegnungsstätte, in der es auch viele glückliche und lustige Momente gibt. Je mehr Menschen den Weg dorthin finden, umso mehr Glück wird es auch für die Tiere dort geben.*

Das virtuelle Tierheim

In Zeiten des Internets findet man im World Wide Web eine Fülle an angebotenen Tieren. Viele Tierschutzvereine und Tierheime nutzen diese zusätzliche Möglichkeit zur erfolgreichen Vermittlung und präsentieren ihre Schützlinge auf Webseiten. Die Zielgruppe hat sich dadurch deutlich vergrößert und jeder kann fündig werden. Für Vereine oder private Initiativen, die kein eigenes Tierheim zur Verfügung haben, ist dies ein großer Vorteil, weil sie nun nicht mehr örtlich begrenzt sind.

Das virtuelle Tierheim

Diese Internet-Vermittlung bringt natürlich auch Nachteile mit sich. Man kennt das Tier nur über Fotos, hat vielleicht einen langen Anfahrtsweg zur Abholung und auch keinen Ansprechpartner vor Ort.
Außerdem tummeln sich im „Netz" viele schwarze Schafe, die sich auf Kosten der Tiere bereichern wollen. Sie tarnen sich sogar als Tierschützer, sind aber in Wahrheit Tierhändler, die ihre „Ware" meist aus den osteuropäischen Nachbarländern beziehen. Hier gibt es Rassekatzen „auf Bestellung" und gutgläubige Tierliebhaber werden mit gefälschten Impfpässen, unwahren Informationen und oft kranken Tieren betrogen. Unwissend halten sie damit den illegalen, lukrativen Tierhandel am Laufen.

Es ist also Vorsicht geboten bei der Suche. Einige Kriterien können helfen, die Spreu vom Weizen zu trennen.

Ein seriöser Verein bietet Transparenz, auch bei seinem Webauftritt, und stellt alle relevanten Informationen über seine Arbeit, den Ablauf einer Adoption und die anfallenden Kosten zur Verfügung.

Ist einem Verein die Gemeinnützigkeit anerkannt, ist das ein guter Hinweis auf Seriosität. Denn diese wird nur anerkannt, wenn der Verein keine wirtschaftlichen Zwecke verfolgt, dem Allgemeinwohl dient und den Tierschutz fördert. Hier kann man sicher sein, dass das Wohl der Tiere im Vordergrund steht und keine persönliche Bereicherung stattfindet. Das Wort „Verein" an sich sagt nämlich nur aus, dass sich hier mindestens sieben Menschen für eine gewisse Dauer zu einem gemeinsamen Zweck zusammengefunden haben.

Es gibt aber auch private Initiativen, die in kleinerem Rahmen durchaus sinnvolle Arbeit leisten, gern Auskunft erteilen und hilfreich zur Seite stehen. Der Vorteil dieser kleinen Gemeinschaften ist, dass der Verwaltungsaufwand geringer ist und dadurch die Unterstützung direkt dort ankommt, wo sie gebraucht wird. Vielleicht findet man Ansprechpartner in der näheren Umgebung oder man kontaktiert vorerst eine Pflegestelle.

Wann Vorsicht geboten ist

Das virtuelle „Finden" kann also sehr zeitaufwendig sein, aber gerade hier gilt es, nichts zu überstürzen. Hat man sich in ein Foto „verliebt", empfiehlt sich im-

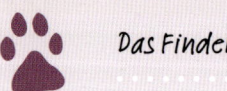

Das Finden

Nach dem Transport sollte man die Katze nicht bedrängen und selbst entscheiden lassen, wann sie ihr neues Umfeld inspizieren möchte.

mer die telefonische Kontaktaufnahme, um Näheres in Erfahrung zu bringen, denn E-Mails sind geduldig.

Erst das persönliche Gespräch bietet Aufschluss. Man bekommt ein erstes Gefühl und merkt meistens, ob hier wirklich Menschen mit Herz und Verstand tätig sind.

Ein weiteres Kriterium ist die Platzkontrolle oder Vorkontrolle. Besteht überhaupt kein Interesse seitens der Vermittler, die neue Unterkunft ihrer Schützlinge zu begutachten, sollten die Alarmglocken läuten. Denn auch wenn die neuen Besitzer Hunderte von Kilometern entfernt sind, werden ernsthafte Tierschützer eine Möglichkeit finden, das neue Zuhause aufzusuchen. Die Organisationen helfen sich oft gegenseitig aus und übernehmen Kontrollen von Plätzen, die in ihrer Nähe liegen.

Wenn auf einer Internetseite mit Tierschutz geworben wird und fast ausschließlich wunderschöne oder junge Katzen angeboten werden, ist ebenfalls Misstrauen angebracht. Entweder sind hier wirklich Händler oder dubiose Züchter am Werk oder es werden, beispielsweise aus Spanien, nur die leicht vermittelbaren, schönen Tiere angeboten, also eine Art „Luxus-Tierschutz". Der Profit steht dann auf jeden Fall im Vordergrund, denn nirgends gibt es nur „wundervolle Langhaar- oder Rassekatzen". Das hat wenig mit dem Tier-

Katzen aus dem Ausland

schutzgedanken zu tun, bei dem das Recht auf Leben nicht vom Aussehen abhängig ist. Die „jungen Schönen" finden sowohl in den örtlichen Tierheimen als auch im Internet meist früher ein neues Körbchen als die älteren „normalen" Katzen. Gerade deshalb sieht man bei einem seriösen Verein prozentual immer mehr „einfache Hauskatzen" als die anderen, die eben gleich vergeben sind.

Das Abholen muss gut organisiert sein

Hat man sich also durch den Angebotsdschungel durchgearbeitet, „seinen Stubentiger" gefunden, den Kontrollbesuch hinter sich gebracht und alle Informationen gesammelt, naht nun der Tag der Abholung. Ist die Katze an einem Pflegeplatz untergebracht, wird man sie eventuell selbst mit einer Transportbox abholen oder es wird eine Mitfahrgelegenheit organisiert. Es mag verwundern, dass in solchen Verträgen festgelegt ist, dass das Tier Eigentum der jeweiligen Organisation bleibt. Aber auch dies dient dem Schutz des Tieres, damit es nicht einfach veräußert oder abgeschoben werden kann. Im Ernstfall kann man sich weiterhin auf Unterstützung verlassen und sollte sich dann auch nicht scheuen, den Kontakt zu suchen. Seriöse Organisationen fühlen sich, auch nach Jahren, verantwortlich für ihre vermittelten Tiere und die neuen Besitzer haben immer eine Anlaufstelle. Ohne diesen Schutzvertrag ist von einer Adoption dringend abzuraten, weil dann nach dem Motto „aus den Augen, aus dem Sinn" gearbeitet wird und der Schutz der Tiere nicht vorrangig ist.

Katzen aus dem Ausland

Aufgrund der genannten Problematik in vielen Ländern gibt es ein unermessliches Angebot an Auslandskatzen. Es wird noch sehr lange dauern, bis sich das Bewusstsein der Menschen global verändert und ein respektvoller Umgang mit anderen Lebewesen selbstverständlich ist. Viele Organisationen betreiben deshalb im Ausland auch Aufklärung in Schulen und bemühen sich auf politischer Ebene um verschärfte Tierschutzgesetze. Daneben laufen Kastrationsprogramme, um die Population vor Ort wenigstens einzudämmen.

> *Von großer Wichtigkeit ist in jedem Fall der Übergabevertrag. Denn hier werden, genauso wie in Tierheimen, alle Rechte und Pflichten der zukünftigen Besitzer geregelt.*

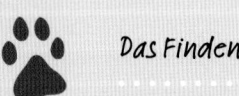

Das Finden

Trotzdem bleiben jährlich Millionen Streunerkatzen ohne Fürsorge, werden nach der Urlaubssaison vergiftet oder regelmäßig „nach Plan entsorgt". Dies ist der Grund, warum man in südlichen Ländern kaum ältere Tiere antrifft. Auch sind die Tierheime in den entsprechenden Ländern nicht vergleichbar mit unseren und es gibt überall Tötungsstationen.

Die Katzen von Rom – ein Beispiel

Die Geschichte der Katzen von Rom hat deshalb echten Vorbildcharakter. Die Katzenkolonien auf den Überresten antiker Tempelanlagen werden betreut, medizinisch versorgt und es werden auch Tiere vermittelt. Das Ganze funktioniert aber nur durch die vielen ehrenamtlichen Helfer und die sogenannten Katzenmütter, die „Gattare", die täglich füttern. Inzwischen wurden die Katzen richtige „Touristen-Magnete" und zum nationalen Kulturerbe erklärt. Es gibt sogar „Katzen-Stadtführungen".

Gelöst ist das Problem trotzdem noch nicht, aber es zeigt einen anderen Lösungsansatz und das verbesserte Image gewährt den Katzen zugleich einen gewissen Schutz.

Vom Charakter und den Persönlichkeiten würden sich Katzen aus dem Ausland kaum von unseren unterscheiden, wohl aber von der Lebensweise, die sie geprägt hat. Als Straßenkatzen hatten sie bisher eine andere, meist sehr schwierige Existenz, über die man in der Regel nicht viel in Erfahrung bringen wird. Der Überlebenskampf stand an erster Stelle und die langjährige Mangelernährung kann auch ihre Spuren hinterlassen haben. Meistens sind die Tiere gut sozialisiert, also verträglich mit Artgenossen, weil sie es gewohnt waren, in Gruppen zusammenzuleben. Naturgemäß sind sie eben keine Einzelgänger, sie gehen nur auch eigene Wege und haben durchaus gern Sozialkontakt.

Manche von ihnen hatten vielleicht früher eine Familie, andere haben das Leben als Haustier nie kennengelernt und scheuen, auch nach dem Einfangen, den Kontakt zu Menschen. Sie können erst vermittelt werden, wenn sie sich etwas an den Umgang mit Menschen gewöhnt haben, was wiederum Zeit und Kosten verursacht. Auch später im neuen Zuhause wird ihre Eigenständigkeit und Unabhängigkeit immer Teil ihrer Persönlichkeit sein. Nicht alle Auslandskatzen sind aber zwangsläufig ehemalige Streuner, denn auch aus Privathaushalten werden mehr Tiere als bei uns in Deutschland abgegeben, was die Situation vor Ort nicht leichter macht, weil auch die Abgabetiere von ihren ehemaligen Besitzern meist nicht kastriert wurden.

Katzen aus dem Ausland

Möchte man sich eine Katze aus dem Urlaub mitbringen, sollte dies vorher gut überlegt und vorbereitet sein.

Mögliche Mittelmeerkrankheiten

Obwohl die Katzen überwiegend sehr robust sind, sind die möglichen Mittelmeerkrankheiten, die von Mücken, Zecken oder Parasiten in den entsprechenden Ländern übertragen werden, bei diesen Tieren immer wieder ein großes Thema. Dass diese Infektionen auch in Deutschland immer mehr verbreitet werden, ist aber nicht nur auf die Einfuhr von Auslandstieren zurückzuführen, sondern vorwiegend auf das mildere Klima und die Reisefreudigkeit der Menschen mit ihren eigenen Haustieren.

Aufgrund der Inkubationszeit ist auch ein vorsorglicher Test, den viele Organisationen vor der Vermittlung durchführen, nicht immer hundertprozentig verlässlich. Deshalb sollte man den Test sicherheitshalber nach etwa sechs Monaten beim Tierarzt durchführen lassen. Bedingt durch die fehlenden Impfungen können sich auch Viruserkrankungen in vielen Ländern eher verbreiten, deshalb dürfen nur vollständig geimpfte Tiere mit nachgewiesenem Impfschutz ausreisen. Eine Garantie für ein vollkommen gesundes Tier hat man natürlich nie, ob aus dem In- oder Ausland, doch der Prozentsatz infizierter Tiere ist auffallend gering.

Die Einreise

Auslandskatzen werden überwiegend „online" vermittelt, da die Kapazitäten deutscher Tierheime meist restlos ausgelastet sind. Das Augenmerk sollte also besonders auf die Seriosität und Effizienz der Tierschutzorganisationen gerichtet werden. Ein Kriterium dabei ist, neben der Platzkontrolle, dass über die Schutzgebühr auch das Tierheim oder die Auffangsta-

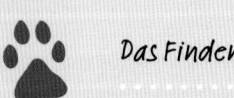

Das Finden

tion im jeweiligen Land unterstützt wird, also die Herkunft der angebotenen Schützlinge. Denn nur dann kann man sicher sein, dass Hilfe vor Ort geleistet wird und nicht nur von überallher die Tiere eingesammelt werden, um sie dann gewinnträchtig zu vermitteln. Der persönliche telefonische Kontakt ist also auch hier enorm wichtig, um sich von der ehrlichen Arbeit überzeugen zu können.

> Da die Einreisebestimmungen in Deutschland genau geregelt sind, dürfen Katzen nur mit einem Mikrochip versehen und einem gültigen Impfpass (EU-Heimterausweis) einreisen. Deshalb muss man sich darauf einrichten, dass es ein paar Wochen dauern kann, bis man sein neues Kätzchen in Empfang nimmt.

Nötige Informationen sind auch, wie und wo man das Samtpfötchen abholen kann: manchmal direkt am Flughafen, wenn sich Flugpaten gefunden haben, manchmal in der nächstgelegenen Stadt, wenn Transportketten gebildet wurden, oder manchmal bei einer Pflegestelle, die als Anlaufpunkt dient.

Bekommt man nur unklare oder sehr knappe Auskünfte, ist wieder einmal Vorsicht geboten. Es wurden nämlich im Ausland auch schon Lastwagen angeblicher Tierschutzorganisationen von der Polizei gestoppt, in denen die Tiere bei großer Hitze, übereinandergestapelt und ohne Wasser auf die endlos lange Reise geschickt wurden. Dies ist natürlich alles andere als Tierschutz und kein verantwortungsvoller Verein würde so handeln. Also lieber einmal zu viel nach dem genauen Ablauf gefragt als zu wenig – zum Wohl der Tiere. Wichtig ist auch hier, trotz aller Aufregung bei der Übergabe, der schriftliche Vertrag, in dem wie bei Inlandsverträgen der Schutz des Tieres auch für die weitere Zukunft geregelt wird.

Es erfordert zwar einiges an Zeitaufwand und Recherchen, aber es lohnt sich schlussendlich, die Spreu vom Weizen zu trennen. Man kann dann sicher sein, mit der Adoption einen Beitrag zur Linderung des Elends geleistet zu haben, und man kann sich in der Eingewöhnungsphase und darüber hinaus auf begleitende Unterstützung verlassen.

Eine Katze aus dem Urlaub mitbringen

Viele Urlauber kennen die Geschichte: Man hat angefangen, die streunenden Katzen am Hotel zu füttern,

Eine Katze aus dem Urlaub mitbringen

und dadurch eine gewisse Bindung aufgebaut. Nun naht der Tag der Abreise und es graut einem vor dem Abschied. Da liegt es nahe, wenigstens eine oder zwei der meist recht anhänglichen Pfötchen mitzunehmen und sie nicht ihrem ungewissen Schicksal zu überlassen. Das gestaltet sich aber aufgrund der Einreisebestimmungen als unmögliches Unterfangen, da die nötige Tollwutschutzimpfung bei erwachsenen Tieren erst nach 30 Tagen gültig ist. Bei Jungtieren bis zu drei Monaten braucht man einen Gesundheitsausweis und, wenn sie ohne die Mutter reisen, dürfen sie vorher nicht mit wild lebenden Katzen in Kontakt gekommen sein. Was also tun?

Man sollte auch älteren Katzen eine zweite Chance geben, da sie in der Regel unkompliziert und anpassungsfähig sind.

> *Allgemein empfiehlt sich, vor Reiseantritt die Adressen der Organisationen am Urlaubsort oder in der Nähe zu besorgen. Dann hat man später im Urlaub, auch im Ernstfall, Unterstützung oder kann dem dortigen Tierheim einen Besuch abstatten.*

Das Beste ist, man sucht sich am Urlaubsort Verbündete, also Menschen, die sich bis zur endgültigen Ausreise um die Tiere kümmern. Auch Tierschutzorganisationen vor Ort helfen gegen eine Spende gern bei der Überbrückung und bei dem späteren Transport. Die Kosten für diese Eigeninitiative hat man natürlich selbst zu tragen, deshalb ist diese Lösung wirklich nur dann empfehlenswert, wenn man sich absolut sicher ist, die Katze später auch wirklich aufnehmen zu wollen. Ist man mit dem Auto unterwegs und will die Katze, ohne Ausweis und Impfung, einfach „schmuggeln", kann das böse Folgen haben. Das Tier wird bei Entdeckung beschlagnahmt und kommt für Monate in Quarantäne. Die Einfuhr aus Ländern außerhalb der Europäischen Union unterliegt noch strengeren

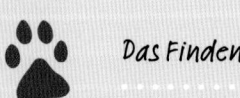

Das Finden

Bestimmungen. Auf eigene Faust sollte man also nur im Ausnahmefall handeln und sich auf jeden Fall professionelle Hilfe holen, damit der Urlaub nicht im Albtraum endet.

Darf's auch etwas älter sein?

Ältere Tiere haben es bei der Vermittlung immer schwerer als ihre jüngeren Artgenossen. Obwohl eine zehnjährige Katze noch nicht zum alten Eisen zählt – schließlich können Katzen zwanzig Jahre alt werden – gehört sie ab diesem Zeitpunkt leider meistens schon zu den „Ladenhütern". Aus vielerlei Gründen scheuen sich die Menschen, den Senioren einen angenehmen Lebensabend zu bereiten. Die Angst, die Katze bald wieder zu verlieren, nachdem man sie ins Herz geschlossen hat, sowie die Befürchtung von Erkrankungen oder sturen Verhaltensweisen spielen dabei eine große Rolle.

Dabei haben die Senioren eine Menge Vorteile und können regelrecht ein Quell der Freude sein. Meist sind sie sogar unkomplizierter im Umgang mit uns Menschen dank ihrer langjährigen Lebenserfahrung. Sie bewegen sich ganz selbstverständlich in der Wohnung, wissen gleich, wo das Katzenklo steht, haben einen gefestigten Charakter und sind immer noch zu einem Spielchen aufgelegt. Man muss sie nicht mehr erziehen, sie sind nicht so anstrengend wie Jungtiere und schlafen mehr, was berufstätigen Menschen zugute kommt.

> *Zukünftigen Katzenbesitzern, die sich das erste Mal eine Samtpfote anschaffen, ist immer ein älteres Tier zu empfehlen, denn die Senioren sind großartige Lehrer – sowohl für uns Menschen als auch für jüngere Artgenossen – und beweisen viel Geduld.*

Ältere Katzen bringen zudem Ruhe und Gemütlichkeit in unser hektisches Leben, wenngleich sie uns immer wieder mit ihrer spontanen Energie überraschen können. Die Zeit mit den weisen Gefährten bringt auch „zweibeinigen" Senioren einen unermesslichen Erfahrungsschatz. Denn die Lebensfreude ist den älteren Katzen nie abhanden gekommen. Sie blühen nochmal richtig auf und genießen zunehmend die einfachen Dinge des Lebens. Damit zeigen sie ihren älteren Besitzern, dass auch die späten Jahre noch viele Sonnenseiten haben können. Legt man ein Augenmerk auf die Qualität der verbleibenden Jahre und nicht auf

Einen Pflegeplatz anbieten

die Quantität, so ist diese Zeit niemals umsonst. „Sie sind richtig dankbar!", hört man meistens und im Nachhinein wird die Entscheidung für ein älteres Tier sowieso nicht mehr bereut, sondern als wahre Bereicherung erkannt.

In unserer heutigen Zeit, die dem Jugendwahn unterworfen ist, der auch vor den Tieren nicht halt macht, kann dies eine segensreiche, befreiende Erkenntnis sein. Schauen Sie sich deshalb auch die wunderbaren Senioren genauer an, es könnte Ihre „Glückskatze" dabei sein!

Einen Pflegeplatz anbieten

Liebevolle Pflegeplätze sind im Tierschutz sehr begehrt und gerade für Katzen eine wunderbare Alternative zum Tierheim. Sie fühlen sich in einem häuslichen Umfeld einfach wohler und für Auslandskatzen ist es eine gute Zwischenlösung, um sich in die neue Lebenssituation einfügen zu können. Auf einer Pflegestelle lernt man die Tiere besser kennen, wodurch auch die Chancen auf eine Vermittlung steigen.

Man muss sich bewusst sein, dass es unterschiedlich lange dauern kann, bis die Katze vermittelt wird, und auch vorher genau überdenken, ob man das Tierchen

> *Nimmt man eine Katze vorübergehend auf, übernimmt man damit die volle Verantwortung für die Aufenthaltsdauer, was viel Aufwand und Zeit bedeutet. Eventuell anfallende Tierarztkosten werden aber von der Organisation getragen.*

dann auch wieder loslassen kann. Früher oder später kommt der Abschied, denn nur dadurch funktioniert eine Pflegestelle. Trotzdem „schmuggeln" sich immer wieder Pflegekätzchen in die Herzen ihrer „Pflegemama" und dürfen für immer bleiben. Ehe man sich versieht, wird man also zum „Pflegeplatzversager", wie es in Fachkreisen ironisch heißt, was aber durchaus zum Pflegestellenalltag gehört. Denn wo Beziehungen stattfinden, findet sich eben auch oft die Liebe ein, damit muss man rechnen. Wenn man die Möglichkeit hat, die Pflegekatzen separat unterzubringen, ist das auch kein Ausschlusskriterium für den Fortbestand der Pflegestelle.

Am besten beginnt man mit zwei Katzen, je nachdem, ob und wie viele eigene man hat, und kann langsam hineinwachsen in diese sinnvolle Aufgabe, die viel Freude mit sich bringen kann. Hat man doch dazu beigetragen, den „Notfellchen" ihren Start in ein neues, besseres Leben zu erleichtern.

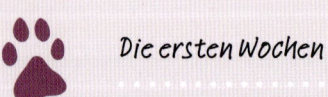

Die ersten Wochen

Wichtige Vorbereitungen

Die ersten Wochen

Jetzt ist es endlich so weit! Alle Hürden sind genommen, alles Organisatorische ist erledigt und es dauert nicht mehr lang, bis die neue Samtpfote einzieht. Um die Zeit sinnvoll zu nutzen, sollte man rechtzeitig alle erforderlichen Vorkehrungen treffen, damit sich das neue Familienmitglied möglichst schnell wohlfühlt und auch vor möglichen Gefahren geschützt ist.

Wichtige Vorbereitungen

Bevor die Katze einzieht, sind einige Vorbereitungen nötig, um späteren Stress und Unfälle zu vermeiden. Als Erstes gilt es, die Wohnung auf Gefahrenquellen hin zu überprüfen. Bei jungen Kätzchen ist das noch wichtiger, weil sie sehr erfindungsreich sein können und die hintersten Ecken und Winkel erreichen, die für uns nicht zugänglich sind.
Sie kriechen gern hinter Schränke oder unter die Küchenzeile, deshalb solche Dinge also besser abdecken. Auch Pflanzen können sehr gefährlich werden und Vergiftungen hervorrufen, wie der beliebte Ficus benjamina, die Azalee oder die Dieffenbachie. Vielleicht kann man die Pflanzen die erste Zeit bei den Nachbarn „zwischenparken". Wertvolles Porzellan oder Glas sollte man vorsichtshalber in geschlossenen Schränken unterbringen, denn Katzen sind bekanntlich sehr gute Kletterer und Springer und erreichen auch hohe Regale. Ihre Neugier inspiriert sie auch zu waghalsigen Manövern. Da kann, ungewollt, so manches zu Bruch gehen.
Ältere Stubentiger mit Wohnungserfahrung sind vorsichtiger, trotzdem räumt man die ersten Wochen sicherheitshalber lieber zu viel aus dem Weg als zu wenig.

Achtung – Unfallgefahr!

Bevor die Katze einzieht, kann man sich schon einmal angewöhnen, die Fenster nicht mehr gekippt zu halten. Denn es passieren viele Unfälle durch diese Kippfenster. Irgendwann, angelockt durch die frische Luft oder ein Vögelchen, probieren es die Katzen doch aus, nach draußen zu gelangen. Sie rutschen dann tiefer und tiefer und haben keine Möglichkeit mehr, sich selbst zu befreien. Die Nerven werden abgequetscht und eine Querschnittslähmung kann die Folge sein, falls man das Tier überhaupt noch rechtzeitig befreien kann.
Auch bei Freigängern, die durch das gekippte Fenster wieder nach innen gelangen wollen, kommt es zu solchen Unfällen. Die Gefahr wird immer noch unter-

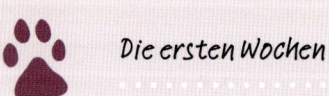

Die ersten Wochen

Da Katzen sehr neugierig sind und alles untersuchen möchten, muss man anfangs den Zugang zu Bereichen, die gefährlich werden können, absichern.

Wichtige Vorbereitungen

schätzt. In den Zoomärkten gibt es aber spezielle Sicherungen für Kippfenster, die diese Unfälle verhindern.

Darf die Katze künftig auf den Balkon, braucht es ein Netz, um Stürze zu vermeiden. In einer Mietwohnung ist hier meistens eine Genehmigung seitens des Vermieters nötig.

Lange Schnüre an Gardinen oder Rollos können beim Spielen schnell zum Verhängnis werden, genau wie die scharfen Ecken von Glastischen oder ein Geländer bei Galeriewohnungen. Die „Pfötchen" sind zwar bekannt für ihre Geschicklichkeit und Schnelligkeit. Beim Spielen oder durch einen Schreck übersehen sie aber oft die Gefahr und reagieren sehr impulsiv. Sie lieben jegliche Art von Treppen und Klettermöglichkeiten und nutzen diese recht flink und gewandt. Trotzdem sollte man bedenken, dass sie vor allem bei Freitreppen auch mal „herunterpurzeln" können. In der Anfangszeit also vorsichtshalber eine Decke darunterlegen und Gegenstände in nächster Nähe entfernen.

Diese vorbereitenden Maßnahmen sind vielleicht etwas unbequem, schützen das Kätzchen aber während der Eingewöhnung. Nach den ersten Wochen kann man dann die Angewohnheiten und Vorlieben schon besser einschätzen und merkt vielleicht, dass Pflanzen nicht zu den bevorzugten Interessengebieten des neuen „Mitbewohners" gehören. Oder die Katze bewegt sich so elegant und vorsichtig durch die Räume, dass keine Gefahr mehr für Nippes und sonstige Gegenstände besteht. Bei jungen Katzen sollte man aber wachsam bleiben, denn ihr Übermut und ihr Entdeckungsdrang kennen oft keine Grenzen und sie überschätzen sich auch manchmal in ihrer Abenteuerlust. Kleinere Missgeschicke lassen sich sowieso nicht verhindern und gehören zum natürlichen Lernprozess der kleinen Racker.

Die Grundbedürfnisse

Auch für die Grundbedürfnisse muss gesorgt werden. Das Katzenklo steht am besten in einer ruhigen Ecke und weit entfernt vom Futterplatz. Viele Katzen sind nicht begeistert von einem überdachten „Örtchen", weil das für sie unnatürlich ist. Genau wie bei der Auswahl der Streu hilft hier nur Ausprobieren, denn die Vorlieben sind unterschiedlich. Ist die Katze aus dem Tierheim, kann man sich mit Klo und Streu danach richten, ansonsten lieber einen abnehmbaren Deckel und ein kleineres Paket Katzenstreu kaufen.

Auch an Nass- und Trockenfutter sollte man unterschiedliche Sorten zur Verfügung haben, denn wenn

Die ersten Wochen

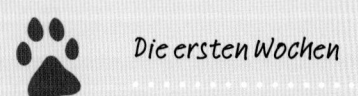

das Futter schmeckt, hat man schon eine Menge „Sympathiepunkte" auf dem Konto. Aus hygienischen oder bequemen Gründen nur Trockenfutter anzubieten, ist nicht sehr vorteilhaft, weil die so ernährten Katzen später oft zu Harngries oder Nierenproblemen neigen. Über die richtige Ernährung existieren zahlreiche Abhandlungen und Bücher. Hier scheiden sich zwar auch oft die Geister, Einigkeit besteht aber darin, dass die Nahrung sehr eiweißreich sein soll und die Möglichkeit bestehen sollte, mehrmals täglich etwas zu „knuspeln". Auch Frischkäse oder Joghurt, in kleinen Mengen, können auf dem Speiseplan stehen sowie ab und zu ein Eigelb. Milch führt häufig zu Durchfall, weil der Milchzucker nicht richtig verdaut werden kann, und ist deshalb nicht geeignet.

Am besten stellt man mehrere Wassergefäße auf, aber nicht direkt neben den Fressnäpfen, denn eine Katze trinkt in der Natur nie neben dem Fressen, aus Angst vor mit Aas verunreinigtem Wasser. Vielleicht stellt man nach ein paar Tagen aber auch fest, dass „Madame" nur das fließende Wasser aus dem Wasserhahn annimmt oder „Monsieur" nur aus der Gießkanne trinkt. So viel zusätzliches Wasser brauchen sie auch insgesamt nicht, weil sie Flüssigkeit vorwiegend über die Nahrung aufnehmen. Feuchtfutter hat also, auch aus diesem Grund, durchaus seine Berechtigung.

Reine Wohnungskatzen freuen sich gelegentlich über Katzengras, das ihnen hilft, verschluckte Haare wieder loszuwerden, und außerdem Folsäure enthält, welche normalerweise über Mäuse und sonstige Kleintiere aufgenommen wird. Das Gras sollte aber wegen der Verletzungsgefahr nicht zu scharfkantig sein, sondern eher weich. Als Alternative eignen sich Weizen und Hafer, die man, wie Katzengras, auch selbst aussäen kann.

Schlafen und Spielen

Neben den Grundbedürfnissen spielen auch die Ruheplätze und die Beschäftigung eine große Rolle für das Wohlfühlen der Samtpfoten. Ihre bevorzugten Plätze suchen sie sich meist selbst aus und sorgen damit oft für heitere Überraschungen, wenn sie es sich beispielsweise in einem vergessenen Karton, im Waschbecken oder im leeren Obstkorb bequem machen. Man kann ihnen aber Anreize schaffen in Form von Kissen auf dem Fensterbrett, einer selbstgebauten Höhle mit Decke oder natürlich einem Kratzbaum mit ausreichend Liegeplätzen. Erhöhte Plätze mit Übersicht oder Fernsicht sind immer begehrt, deshalb ist

Wichtige Vorbereitungen

Das Fressen von Gras hilft Katzen dabei, verschluckte Haare wieder herauswürgen zu können.

Die ersten Wochen

ein Kratzbaum mit Blick aus dem Fenster nie verkehrt. Vielleicht konnte man vorab schon etwas in Erfahrung bringen bezüglich Wünsche und Neigungen. Das erleichtert die Vorbereitungen und auch die Auswahl des Spielzeugs. Kleine Bällchen oder mit Baldrian „parfümierte Stinkemäuse" dürfen aber nicht fehlen. Man kann auch die angebotenen Liegeplätze mit einem Duftsäckchen aus Katzenminze attraktiver machen. Beim Spielzeug sind der Fantasie kaum Grenzen gesetzt. Oft sind eine selbstgebastelte Angel mit Korken oder Papierbällchen der „Hit" oder ein selbst gestricktes Mäuschen gilt als beliebte Beute. Man muss also nicht gleich den ganzen Laden leerkaufen, sondern beobachtet lieber erst mal, was dem „Neuankömmling" richtig Spaß und Freude bereitet.

Zieht ein Freigänger ein, ist eine Katzenklappe die beste Lösung, die aber leider nicht immer möglich ist. Alternativ gibt es auch eine „Katzenklingel", die wie ein Bewegungsmelder funktioniert: Steht die Katze vor der Tür und begehrt Einlass, ertönt drinnen ein wählbares Signal. Ist man nicht zu Hause, hat die Katze allerdings das Nachsehen, denn dann hilft die Klingel auch nicht.

Manche Katzen, deren Besitzer ganztags arbeiten, akzeptieren ein geschütztes Alternativplätzchen in der Garage oder Scheune, andere kann man an feste Zeiten gewöhnen. Man sollte aber auch immer an die „Dickköpfe" denken, die rund um die Uhr auf freien Ein- und Ausgang bestehen.

Hat man sich im Tierheim eine Zweitkatze ausgesucht, empfiehlt sich, bei einem der Besuche den Geruch der „Neuen" mit nach Hause zu nehmen, und umgekehrt. Entweder mit einem Baumwolltuch die Katzen etwas abreiben oder die Schlafdecken tauschen. Beim Beschnüffeln dann noch Leckerli darauf verteilen, damit der Geruch positiv verknüpft wird. So lernen sich beide schon vorher kennen und vielleicht auch mögen. Ganz wichtig ist – vor allen Dingen für allein lebende künftige Katzenbesitzer – schon vorab zu überlegen, wer im Notfall oder Urlaub die Katze angemessen versorgt. Vielleicht kann man sich mit den Nachbarn arrangieren und gegenseitig Betreuungspflichten übernehmen, das erspart lange Wege und gibt ein sicheres Gefühl.

> *Diese ganzen Gedanken, Vorbereitungen und Anschaffungen machen Sinn im Vorfeld und haben einen doppelten Nutzen: Sie verkürzen zweckmäßig die Zeit des Wartens, indem man sich schon eingehend mit dem neuen Haustier befasst, und man kann „dem großen Tag" entspannt entgegensehen.*

Wichtige Vorbereitungen

Freigänger-Katzen sollten immer die Möglichkeit haben, sich wieder in ihr sicheres Refugium zurückzuziehen.

Die ersten Wochen

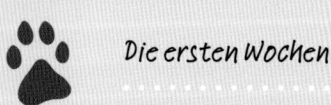

Der Einzug

Nach der ersehnten Ankunft stellt man die Transportbox mit Katze am besten im Flur ab und öffnet das Türchen. Vorhandene vierbeinige Mitbewohner kommen vorerst in „Sicherungsverwahrung", damit die „Neue" alles in Ruhe ansehen und beschnuppern kann. Einige Türen sollte man sowieso noch geschlossen halten, um die Mieze nicht gleich zu überfordern. Bleibt sie, etwas verstört, in der Box sitzen, lässt man sie in Ruhe und beschäftigt sich hörbar anderweitig. Meistens trauen sich die Miezen dann vorsichtig heraus und fangen an, die Wohnung zu erkunden. Man spricht freundlich und ruhig mit ihnen, am besten gleich mit Namen, beachtet sie aber nicht zu sehr. So kann der Neuankömmling in Ruhe sein neues Heim inspizieren.

Es sollte alles ganz ruhig und selbstverständlich ablaufen, um das Ankommen positiv zu gestalten. Nimmt die Katze von sich aus Kontakt auf, schaut also vielleicht in die Küche, zeigt man ihr ihren Fressplatz und auch die Katzentoilette im Bad – alles unaufdringlich und ohne Hektik, damit die Anspannung langsam abfallen kann. Fängt sie zu fressen an, ist das ein erster Sieg und ein gutes Zeichen. Das kann aber auch dauern und manche Stubentiger mit schlimmer Vorgeschichte verkriechen sich die ersten Tage immer wieder unter das Sofa oder sonst in einen Winkel. Erst wenn es Nacht wird und alle zu Bett gegangen sind, kommen sie heraus, um zu fressen. Dann sollte man sie auf keinen Fall zu sehr bedrängen. Sie brauchen einfach ihre Zeit, um sicher zu sein, dass keine Gefahr droht.

Die ganze Familie samt Nachbarn zur Begrüßung einzuladen, ist keine gute Idee. Das ist auch für den robustesten Kater ein Negativerlebnis und er wird sich dem entziehen. Also lieber ein paar Stunden der Ruhe einplanen, um überflüssigen Stress zu vermeiden.

Von großer Bedeutung für die Samtpfoten sind die Gerüche im neuen Haus. Nach ein paar Minuten wissen sie genau, ob und wie viele sonstige Haustiere es noch gibt. Etwaige Vierbeiner braucht man deshalb nicht allzu lange wegzusperren, weil ihre Duftspuren sie sowieso verraten. Wenn irgend möglich, sperren sie das Kätzchen deshalb auch nicht die erste Zeit aus Vorsichtsgründen in ein separates Zimmer, denn alle anderen riechen den neuen Schützling auch durch die Tür. Die Ausnahme sind extrem ängstliche und panische Katzen, denen ein überschaubarer Bereich mehr Sicherheit vermittelt.

Der Einzug

Die Kontaktaufnahme

Im besten Fall klappt die Kontaktaufnahme – trotz Nervosität auf beiden Seiten – und es wird eifrig „beschnüffelt". Zu viele Erwartungen darf man die ersten Tage aber nicht haben, schließlich hat das Tier einiges hinter sich, sei es eine schlimme Vorgeschichte, der Aufenthalt im Tierheim oder der lange Transport. Dies muss alles erst verdaut werden und einige der sensiblen Katzen sind völlig aus ihrem Gleichgewicht geraten. Sie müssen wieder auftanken und neuen Lebensmut schöpfen. Das sei ihnen, fürsorglich und geduldig, gegönnt. Irgendwann tauen sie dann etwas auf und streichen vielleicht das erste Mal um die Beine ihrer neuen „Adoptiveltern". Das sind dann wahrhafte Glücksmomente und der Anfang zum Aufbau einer innigen Bindung ist gemacht.

Es gibt aber, trotz aller Altlasten, auch die selbstbewussteren Persönlichkeiten, die – kaum sind sie aus der Box heraus – schon Kontakt aufnehmen und interessiert ihren Wohnungsrundgang starten. Sogar über Auslandskatzen, die noch nie in einem Haus waren, gibt es solche Geschichten. Es scheint dann, als wären sie schon immer hier gewesen, so sicher bewegen sie sich durch die Räume. Als würden sie sofort erkennen, dass nun endlich auch für sie „die Sonne wieder scheint".

Junge Kätzchen erobern meistens sofort das neue Daheim und beginnen recht bald zu spielen. Es ist eben, wie auch bei uns Menschen, eine Frage des Charakters. Und im Laufe der Zeit lernt man langsam mehr über Wesen und Eigenheiten des neuen Familienmitglieds. Ein paar Tage sind da nicht sehr aussagekräftig.

Die täglichen Rituale

Auch wenn manches noch nicht richtig klappt, sollte man nicht gleich die Flinte ins Korn werfen. Es muss sich alles erst einspielen und die Katze muss sich auf den neuen Rhythmus einstellen, der ihr aber jeden Tag mehr an Sicherheit vermittelt. Deshalb sind auch tägliche Rituale sehr wichtig, wie etwa der Leckerbissen vorm Zubettgehen oder das Spielen beim Nachhausekommen.

Diese regelmäßigen Wiederholungen gehören schnell zum „Wohlfühl-Programm". Sie brechen oft das Eis und dürfen deshalb auch nicht vergessen werden, da sind Katzen ganz eigen und auch schnell gekränkt. Sie brauchen Verlässlichkeit, um auch das Vertrauen aufbauen zu können, und registrieren jede Kleinigkeit im Umgang. Schon eine veränderte Tonlage in der Stimme lässt sie irritiert aufhorchen und notfalls flüchten. Deshalb sind Geduld, Liebenswürdigkeit, regelmäßige

Die ersten Wochen

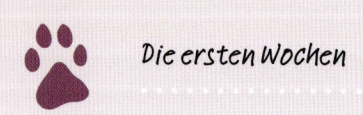

„Wo geht es denn da hin?" Der Kratzbaum mit Schlafhöhle muss erst mal genau untersucht werden.

Abläufe und eine harmonische Atmosphäre in der Anfangszeit so wichtig.

> *Katzen brauchen das sichere Gefühl, willkommen zu sein. Nur dann beginnen sie, sich in ihrer ganzen Persönlichkeit zu entfalten, nur dann können sie richtig „gedeihen".*

Katzen und Kinder

Gehören Kinder zur Familie, muss man sie wahrscheinlich die ersten Tage etwas „bremsen", denn sonst fühlt sich das Kätzchen von der Begeisterung schnell zu sehr bedrängt. Jüngere Katzen kommen erfahrungsgemäß besser mit Kindern zurecht als ältere, die vermehrt ihre Ruhe wollen – außer, sie waren schon vorher in einem Kinderhaushalt, dann ist es meistens kein Problem.

Den Umgang mit dem neuen Haustier kann man Kindern aber recht gut beibringen. Sie verstehen, dass das Tier kein neues Spielzeug ist, das man bei Bedarf einfach aus dem Schlaf reißen kann, dass man es nicht in das Puppenhaus einsperrt und es keine Leine braucht. Indem man gemeinsam mit der Katze spielt und sich auch gemeinsam zum Kuscheln hinsetzt, bekommen die Kinder ein Gefühl für den richtigen Umgang.

Flüchtet die Katze bei zu viel Lärm, braucht sie unbedingt eine geschützte Rückzugsmöglichkeit. Am besten eignet sich eine kleine Katzenhöhle, die für die Kinder dann aber auch tabu sein muss. „Leben und leben lassen" heißt die Devise, deshalb sollte man die Kinder im Auge behalten und gegebenenfalls einschreiten. Denn die Katze kann sich auch wehren und dann ist das Theater groß.

Hat man selbst Katzenerfahrung, erkennt man auch die ersten Warnzeichen wie peitschender Schwanz, angelegte Ohren und natürlich Fauchen. Man kann den Kindern erklären, dass sie künftig darauf achten sollen, zur Sicherheit aller. Insgesamt ist es für Kinder immer eine Bereicherung mit einem Haustier aufzuwachsen. Sie lernen Verantwortung, Mitgefühl und werden meist sicherer in ihren sozialen Kontakten. Auslandskatzen haben aufgrund ihrer bisherigen Erlebnisse häufig Angst vor Männern. Die Herren der Schöpfung sollten sich aber durch diese Ablehnung nicht entmutigen lassen, sondern „am Ball bleiben" und, so oft es geht, das Füttern übernehmen, um eine Bindung aufzubauen, und ansonsten freundlich und

Die ersten Wochen

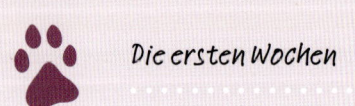

Katze und Hund können sich durchaus gut vertragen – auch wenn oft etwas anderes behauptet wird.

ruhig bleiben. Diese Ausdauer wird, wenn auch langsam und zögerlich, zum Erfolg führen und das Misstrauen wird weichen. Zu viel Ehrgeiz wäre kontraproduktiv, es zählen kleine Schritte.

Katzen und Hunde

Bei vierbeinigen Mitbewohnern entscheiden meist Sympathie oder frühere Erfahrungen. Hunde, die an Katzen gewöhnt sind, geben sich anfangs eher desinteressiert, nachdem der neue Geruch „abgecheckt" wurde. Die Unerfahrenen können die „Neue" aber auch mit Beute gleichsetzen, vor allem, wenn die Katze beim Anblick des „Ungetüms" gleich flüchtet. Dann sollte der Hund die ersten Tage sicherheitshalber an die Leine, bis sich beide aneinander gewöhnt haben. Jedes Mal, wenn der Hund nicht gleich zur Jagd ansetzt, bekommt er sofort ein Leckerli als Lob, ebenso, wenn er beim Anblick keine Reaktion zeigt. Das kann etwas dauern, weil sich die Katze bestimmt aus Angst viel verstecken wird. Sie sollte immer die Möglichkeit haben, sich auf höheren Plätzen in Sicherheit zu bringen, die für den Hund unerreichbar sind.

Langfristig lohnt sich aber die Mühe und langsam werden die Reaktionen auf beiden Seiten weniger heftig und es kehrt etwas Normalität ein. Viele Hunde respektieren die eigene Hauskatze voll und ganz, jagen aber draußen, wie eh und je, die Nachbarskatzen. Manche selbstsicheren Kater treten dem Hund auch angriffsbereit gegenüber und reizen diesen durch Buckeln und Fauchen. Dann heißt es, die Situation zu entschärfen, indem man durch Dazwischenstellen, also „splitten", den Blickkontakt unterbricht und den Angreifer in die andere Richtung schiebt. Auch hier sind Belohnung für gutes Benehmen und viel Geduld der Schlüssel zum Erfolg.

In solch kritischen Phasen lässt man die Tiere besser nicht zusammen allein zu Hause, sondern verfrachtet die Katze bis zur Rückkehr in einen anderen Raum, damit sich alle sicher fühlen. Die Zeit arbeitet in jedem Fall für das Zusammenleben, das ist auch bei zickigen Artgenossen nicht anders.

Katzen und Artgenossen

Gehört schon eine Katze zur Familie, ist der alteingesessene Artgenosse in den seltensten Fällen gleich begeistert über den neuen Gefährten, vor allem, wenn er schon jahrelang sämtliche Privilegien allein genoss. Sie neigen eben zur Eifersucht, die feinfühligen, eigensinnigen Pfötchen, auch wenn sie keine Einzelgänger sind. Und jegliche Art von Zuwachs könnte ihnen schließlich etwas an Zuwendung und Aufmerksamkeit wegnehmen. Deshalb ist es so wichtig, die vorhande-

Die ersten Wochen

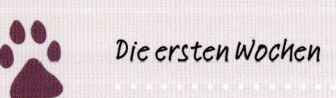

nen Vierbeiner vorerst zu bevorzugen, damit man Rivalitäten nicht schürt. Nur wenn es bei jeder Begegnung zum Kampf kommt, sollte man sich ernsthafte Sorgen machen. Alles andere hat durchaus Erfolgspotenzial, obwohl es Monate oder sogar Jahre dauern kann, bis wirklich so etwas wie Freundschaft entsteht.

Ständige Kämpfe sind zwar die Ausnahme, man sollte dann aber auf jeden Fall früher Kontakt mit dem Tierschutzverein aufnehmen, um eine Lösung zu finden. Denn auch bei Tieren stimmt manchmal die Chemie einfach nicht und dann ist es für alle eine ständige Anspannung, die keinem guttut. Manchmal klappt es auf Anhieb, manchmal dauert es und manchmal wird es nichts, trotz aller Mühen. In den meisten Fällen gibt es aber einen „Burgfrieden" und das ist schon ein Anfang.

Auf Dauer ist ein Kumpel für die sozialen Tiere einfach artgerechter als nur Zweibeiner, vor allem bei reinen Wohnungskatzen. Da wird das Alleinsein nämlich schnell öde und die Pfötchen werden melancholisch. Durch neue Eindrücke und den frischen Wind, den eine Zweitkatze mitbringt, kann man einer Depression vorbeugen, auch wenn sich die Erstkatze noch etwas ziert.

In die sogenannte „Rangordnung" sollte man sich nicht allzu sehr einmischen, da kann sich im Laufe der Zeit noch einiges ändern. Der neue Mitbewohner wird sich vielleicht anfangs noch etwas zurückhalten, kann sich aber später als richtiger Draufgänger entpuppen und die anderen akzeptieren ihn als neuen Chef. Wird der Neuzugang von den anderen dauernd gemobbt, sollte man aber schon einschreiten, ihm auch ein Rückzugsplätzchen schaffen und einige Wochen beobachten. Es gibt Tiere, die trauen sich einfach nicht, sich zu wehren, und sind deshalb prädestinierte „Sündenböcke". Wenn nach Wochen keine Besserung in Sicht ist, ist es dann für das arme Opfer besser, nochmal umzuziehen.
Glücklicherweise sind dies wirklich die Ausnahmen und mit Gelassenheit, Geduld und liebevoller Zuwendung gewöhnen sich alle langsam ganz gut aneinander.

> *Man muss immer bedenken, auch wenn man das Tierchen schon ins Herz geschlossen hat, dass es früher schon unschöne Erfahrungen oder Erlebnisse verkraften musste und nun ein angenehmes Leben verdient.*

Was die Samtpfoten mögen

Katzen sind leise Tiere und bevorzugen auch überwiegend die leisen Töne und ein ruhiges Umfeld ohne Hektik und Lärm. Sie lieben gelassene, gemütliche Menschen und eine entspannte Atmosphäre. Kann man ihnen das bieten, hat man einen erheblichen Vorteil und große Aussichten auf ein Happy End.
In der ersten Zeit des beidseitigen Kennenlernens kann man den Neuzuwachs im Alltag beobachten und er umgekehrt auch uns. Langsam spielt sich eine gewisse Routine ein und man erkennt schon ein paar Facetten des Grundcharakters, wenngleich sich die kleinen Individualisten noch etwas bedeckt halten. Mit Argusaugen betrachten sie uns, als wollten sie erst überprüfen, ob wir ihrer würdig sind. Erst nach und nach lassen sie sich erobern, aber immer gern etwas hofieren. Das heilt auch verletzte, enttäuschte Seelen, die dadurch neuen Lebensmut schöpfen.

Langsam entdecken wir ihre Wünsche und Bedürfnisse und es kann auch Überraschungen geben. Die ewig zickige „Diva" aus dem Tierheim ist vielleicht plötzlich schmusebedürftig und ausgeglichen oder der spanische „Macho" ist ängstlich und unsicher. Schließlich haben sie alle stressige Zeiten hinter sich und kom-

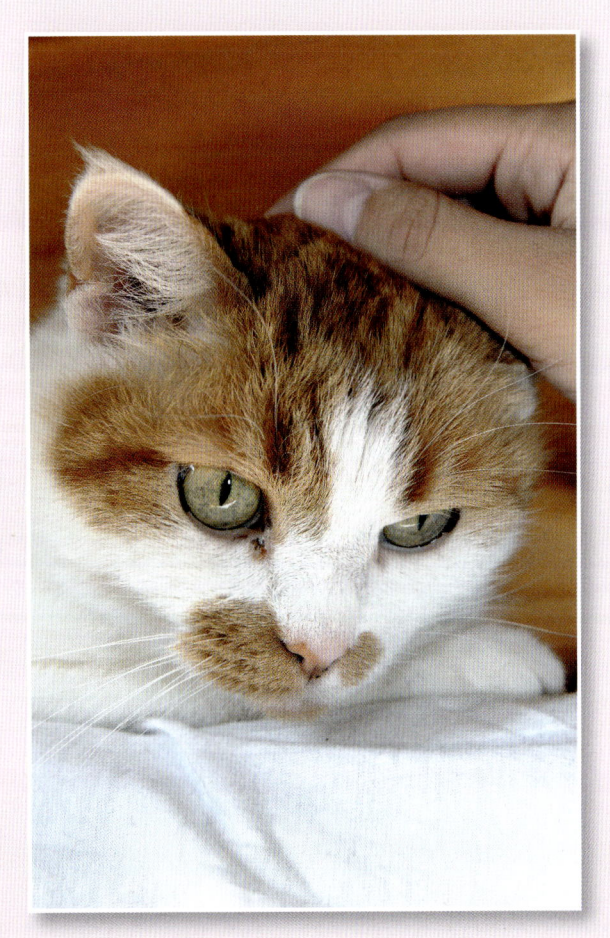

Scheue Katzen sollte man ganz langsam und behutsam an die ersten Streicheleinheiten gewöhnen, sehnen sie sich doch nach einem neuen Zuhause.

Die ersten Wochen

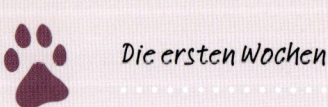

men, je nach Charakter, besser oder schlechter mit der neuen Lebenssituation klar. Dies ist auch die Zeit der sanften Annäherungsversuche. Denn, dass menschlicher Körperkontakt auch angenehm sein kann, ist einigen neu und sie flüchten gewohnheitsmäßig.

Manchmal kann man bei sehr scheuen Katzen das Eis brechen, indem man ein Leckerli füttert und sie dabei leicht an der Seite des Köpfchens streichelt. Auch wenn sie die ersten Male zusammenzucken, sollte man es immer wieder versuchen und damit das Vertrauen aufbauen.

Die Mutigeren haben inzwischen die Wohnung gründlich untersucht, ihre Lieblingsplätze gefunden und sind schon öfter zu einem Spielchen aufgelegt. Begehrtes Spielzeug räumt man immer mal wieder weg und holt es dann zum gemeinsamen Spiel hervor. Auch das fördert die Bindung und es bleibt spannend. Katzen aus dem Ausland kannten wahrscheinlich bisher kaum Spielzeug und sind überrascht oder gar ängstlich. Der Spieltrieb ist aber allen Katzen auf der Welt zu eigen und sie gewöhnen sich schneller daran, wenn man ein Bällchen von ihnen wegrollt, statt auf sie zu. Denn dann überwiegt das Jagdverhalten.

Vielleicht erkennt man auch, dass der Kater bei jedem Luftzug sehnsüchtig angerannt kommt, dann kann man sich Gedanken über ein Fenstergitter machen, damit er die frische Luft auch genießen kann. Denn auch für Wohnungskatzen sind Düfte und Gerüche, die wir oft gar nicht wahrnehmen, äußerst interessant. Sie „riechen" zum Beispiel auch den Frühling und freuen sich über einen gesicherten Fensterplatz, von dem aus sie „fernsehen" können.

Die Freigänger

Dann gibt es die Katze, die jämmerlich vor der Balkontür maunzt und auch auf dem vernetzten Balkon unzufrieden ist. Ständig versucht sie, durch die Haustür zu entkommen, und wirkt insgesamt unruhig und unausgeglichen. Dann hat man wohl einen Freigänger erwischt, trotz sorgfältiger Auswahl und gegenteiliger Informationen. Das kann immer wieder mal passieren, weil sich die Fundkatzen im Tierheim oft zurückhalten und sie ja nicht erzählen können, dass sie früher Auslauf hatten. Kann man ihnen diesen – aus räumlichen oder verkehrstechnischen Gründen – nicht gewähren, hilft nur der Kontakt zu den Vermittlern, um so schnell wie möglich den richtigen Platz zu finden.

Einige ehemalige Freigänger geben sich künftig zwar mit reiner Wohnungshaltung zufrieden, aber überwie-

Was die Samtpfoten mögen

gend ist das Bedürfnis nach Freiheit stärker und die Katze wird nur glücklich, wenn man ihr diesen Wunsch erfüllt. Das ist für die Besitzer bitter, aber das ständige Gefühl, dem neuen „Liebling" nicht gerecht werden zu können, ist auf Dauer sehr belastend und hilft keinem.

> *Für adoptierte Freigänger heißt es, sechs Wochen erst mal Stubenarrest. Denn obwohl Katzen über einen erstaunlichen Orientierungssinn verfügen, müssen sich ihre gesamten Sinne den neuen Wohnort erst einprägen.*

Katzen orientieren sich vermutlich an dem Stand der Sonne genauso wie den Geräuschen und Gerüchen im Umfeld. Sogar die Wissenschaftler konnten das Geheimnis des Orientierungsvermögens noch nicht restlos lüften. Selbst Erdmagnetfelder könnten eine Rolle spielen. Fakt ist, dass die Katze alle Eindrücke speichert und bei Bedarf abrufen kann. Sie entwickelt auch sogenannte Hörbilder, die ihr dann auf dem weiteren Heimweg den Weg weisen.

Vor dem ersten Ausflug braucht die Katze zudem eine gewisse Bindung an ihre neuen Menschen und an ihr neues Daheim, damit sie auch einen Grund hat zu-

Bevor man einer Katze den Freigang gewährt, sollte sie genug Zeit haben, um sich an die neue Umgebung zu gewöhnen und sich zurechtzufinden.

Die ersten Wochen

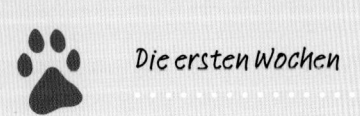

rückzukehren. Wenn man merkt, sie fühlt sich wohl, sucht immer öfter den Kontakt und wird insgesamt sicherer, kann man es wagen, sie hinauszulassen. Ansonsten wartet man besser noch etwas, auch bei den scheuen, ängstlichen Vertretern. Denn sie erschrecken sich draußen schnell durch irgendein überraschendes Geräusch, flüchten dann kopflos und finden eventuell nicht mehr nach Hause.

Man kann die ersten Male auch mit nach draußen gehen, ohne die Katze zu bedrängen. Am besten beschäftigt man sich unauffällig, zum Beispiel im Garten, und lässt die Katze währenddessen die Gegend erkunden. Vielleicht geht sie dann auch wieder mit zurück, das kann aber etwas dauern. Die Tür sollte man auf jeden Fall offen lassen, es sei denn, es gibt eine Katzenklappe, denn die Rückkehr ins Haus muss gewährleistet sein. Steht die Mieze gleich das erste Mal verunsichert vor der Tür und kann nicht rein, hat der erste Ausflug schon einen negativen Beigeschmack. Jederzeit in die „sichere Burg" zurückzugelangen, ist eine Vertrauensbildung, denn im Leben einer Katze gibt es viele Situationen, die eine schnelle Rückkehr erfordern, und in Panik passieren die meisten Unfälle. Zur Not braucht es unbedingt den schon erwähnten, geschützten Alternativplatz. Wenn irgend möglich, sollte man Katzen angewöhnen, die Nacht „indoor" zu verbringen. Sie streifen zwar gern nachts durch die Gegend, die meisten der vermissten Tiere gehen aber über Nacht verloren. Vor allem die erste Zeit, in der sie ihr Revier noch nicht ganz erkundet und erobert haben, sollten sie sich nachts lieber von den neuen Abenteuern erholen.

Die Katze soll sich wohlfühlen

Auch die Gesundheit und das körperliche Allgemeinbefinden sind in der Anfangszeit sehr wichtig. Sind Appetit und Kot nicht normal, kommt es öfter zu Erbrechen oder nimmt das magere Kätzchen gar nicht zu? Dann sucht man, nach Absprache mit dem Tierschutzverein, einen Tierarzt auf, der das Tier auf Parasiten oder sonstige Erkrankungen hin untersucht. Der vorangegangene Stress oder auch die Nahrungsumstellung können sich negativ ausgewirkt haben, aber vorsichtshalber nachsehen lassen.

Auch die Psyche spielt eine große Rolle. Man kann schon erkennen, ob sich das Tierchen immer besser fühlt oder ob es so gar nicht vorangeht. Besonders schreckhafte Katzen brauchen zwar lange zum Eingewöhnen, sieht man sie aber immer öfter entspannt schlafend auf ihrem Plätzchen, ist das schon ein positives Zeichen.

Katzen aus dem Ausland sind bisher an Katzengesellschaft gewöhnt und fühlen sich als Einzelkatze wahrscheinlich sehr unsicher. Wenn sie tagelang suchend durch die Wohnung laufen, kann man schon davon ausgehen, dass ein Artgenosse fehlt.

Das Probewohnen ist also für beide Seiten ein Test für das künftige Zusammenleben, wenn auch ein paar Wochen noch nicht allzu viel aussagen. Entscheidend ist dabei, ob man das Gefühl hat, dass es auf Dauer funktionieren könnte und es für die Katze ein Happy End bedeutet, wenn sie unser Leben teilt. Schließlich ist sie kein Kleidungsstück, das wir beliebig umtauschen, sondern ein lebendes Wesen, für das wir sein restliches Leben die Verantwortung tragen.
Also ruhig nochmal ernsthaft überlegen oder den Familienrat einberufen, bevor man den endgültigen Vertrag unterzeichnet. Bei Auslandskatzen ist das Probewohnen, bedingt durch zu wenig Pflegestellen, nicht immer zu praktizieren. Aber seriöse Organisationen werden immer um eine Lösung bemüht sein, wenn es gar nicht klappt. Auch deshalb ist es so wichtig, alle Eventualitäten im Vorfeld abzuklären, damit das Kätzchen nicht wieder im nächsten Tierheim landet.

> *Können elementare Grundbedürfnisse, wie Freigang, körperlicher Schutz oder Katzengesellschaft nicht gewährleistet werden, wäre es egoistisch, das Tier zu behalten. Bei allen anderen Problemen sollte man nicht vorschnell aufgeben und der Katze die Zeit lassen, die sie braucht, um sich wirklich einzuleben. Das kann individuell, je nach Vorgeschichte, unterschiedlich lange dauern, aber irgendwann platzt dann der Knoten: Der Lebenswille hat gesiegt und die Lebensfreude hält Einzug!*

Das richtige Maß

In der heutigen Zeit beschäftigen wir uns – erfreulicherweise – viel intensiver mit unseren Haustieren als früher. Sind sie damals oft einfach so mitgelaufen, wollen wir sie heute verstehen, ihren Bedürfnissen entsprechen und auch durch die Interaktion mit ihnen eine starke Bindung aufbauen. In der hektischen Zeit sind unsere Tiere heute eine feste Konstante, die auch uns Menschen eine nicht zu verachtende Sicherheit vermittelt.
Diese grundsätzlich positive Entwicklung birgt natürlich auch die Gefahr, dass wir unsere geliebten Tiere in Rollen pressen, die sie gar nicht ausfüllen können,

Die ersten Wochen

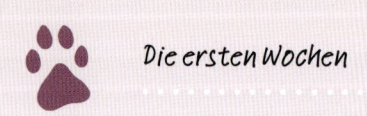

Das Sich-Putzen kann auch zu den Beschwichtigungsgesten einer Katze gehören.

Das richtige Maß

wenn sie beispielsweise als Partner- oder Kinderersatz dienen oder – schlimmer – als Statussymbol missbraucht werden.

Der Haustierbereich hat sich inzwischen zu einem großen Wirtschaftszweig gemausert und da wir Menschen zur Übertreibung neigen, übertreiben wir es auch manchmal mit unseren „Lieblingen". Wir wollen Vorzeigefrauchen und -herrchen sein und vergessen in unserem Ehrgeiz manchmal die einfachen und wesentlichen Dinge.

Der Markt wird überschwemmt mit neuen Beschäftigungsratschlägen, neuen Spielen und neuen Trends. Das kann einerseits sehr hilfreich sein, andererseits entsteht auch ein gewisser Druck, wollen wir doch offen für Neues sein, den Anschluss nicht verpassen und gerade in der Anfangszeit keine Fehler machen. Also: „Es wäre doch gelacht, wenn ich meiner Mieze nicht doch ein kleines Kunststückchen beibringen kann!"

Sicher kann man das, mit viel Geduld und positiver Bestärkung und vielleicht macht es Mieze sogar Spaß. Dann ist nichts einzuwenden. Es wird bei Katzen immer geraten, die vorhandenen Fähigkeiten in kleinen Trainingseinheiten spielerisch auszubauen, was durchaus Sinn macht.

Vielleicht hat man aber eine Katze, die so gar nichts vom „Training" hält und lieber die Vögel beobachtet oder die Stubenfliege fängt. Das Spielen mit uns gehört auf jeden Fall zu einer harmonischen Katzenbeziehung und sollte nicht fehlen. Es ist aber immer nur ein Ersatz für die natürlichen Beschäftigungsarten, der die Katze in freier Natur nachgehen würde. Und sie würde dort auch entscheiden, was sie wann macht. Seien Sie deshalb nicht allzu entmutigt, wenn Ihr Kater so gar nicht auf das später beschriebene Clicker-Training anspricht oder Ihr Kätzchen immer nur der Katzenangel hinterhersausen will und das neue Geschicklichkeitsspiel links liegen lässt.

Zwanghaftes Bemühen kann hier wirklich zum Gegenteil führen und vor lauter „Input" vergisst man das richtige Maß.

Das stille Beobachten

Dann ist es Zeit für ein altbewährtes Rezept, das Verhaltensforscher auf der ganzen Welt praktizieren und ohne das wir nicht wüssten, was wir heute wissen: das stille Beobachten, ohne Aktivität, ohne Einflussnahme und ohne Interaktion. Es fällt uns heute vielleicht zunehmend schwerer, das stille Sitzen und Schauen, und doch beschert es uns ungeahnte Einsichten und ist die Grundlage vieler Erkenntnisse.

Die ersten Wochen

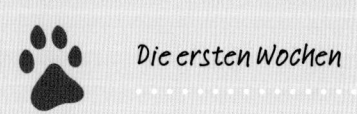

Denn auch unsere eigenen Tiere haben noch viele Geheimnisse, die sich meist dann offenbaren, wenn sie sich unbeobachtet fühlen.

> *Vor allem bei der Begegnung mit Artgenossen geben uns Katzen einen Einblick in ihr reichhaltiges Kommunikationsrepertoire, das viele Gesten der Freundlichkeit beinhaltet. Diese sogenannten Beschwichtigungsgesten werden sowohl zur Konfliktvermeidung als auch zur eigenen Beruhigung eingesetzt.*

Zu den Beschwichtigungsgesten gehören das Hinlegen, das Abwenden von Körper oder Kopf, das Sichstrecken und das Blinzeln, das auch wir Menschen als Zeichen der freundlichen Absichten gut einsetzen können. Manche Katzen beginnen bei Begegnungen sich ausgiebig zu putzen, um zu zeigen, dass sie sich mit etwas anderem beschäftigen, oder fangen an zu spielen. Betrachtet man mal seinen Freigänger während eines Ausflugs vom Fenster aus, erkennt man vielleicht, dass der sonst so selbstbewusst wirkende Kater draußen eher unsicher und schreckhaft ist. Oder man ertappt die beiden „Streithähne" plötzlich beim gemeinsamen Spiel oder Kuscheln.

Wir müssen also nicht ständig mitmischen und übereifrig einschreiten. Unsere Katzen brauchen, neben dem Alltag mit uns und der aktiven Auslastung auch noch ihr eigenes, selbstbestimmtes Leben. Folgt man ihnen in der ersten Zeit sorgenvoll auf Schritt und Tritt, irritiert und verunsichert man sie nur unnötig. Das stille Sitzen und Beobachten ermöglicht uns dagegen einen schrittweisen Zugang und auch ein nachhaltiges Verständnis ihrer vielen Kommunikationssignale. Wir erkennen dadurch neben den natürlichen Verhaltensweisen auch die ganz eigene Individualität unserer Katze, für die es keine vorgefertigte Gebrauchsanweisung gibt.

Wir dürfen unsere Tiere auch mal, ungeachtet aller Trends, einfach „sein lassen" und uns daran erfreuen. Sogar das können wir von Katzen lernen, denn sie sind Meister der „Entschleunigung" und Meister des stillen Beobachtens. Ein kleiner Teil ihres facettenreichen Wesens wird uns sowieso immer verborgen bleiben und ist es nicht gerade das, was die Faszination dieser geheimnisvollen Geschöpfe ausmacht?

Das richtige Maß

„Hier fühle ich mich wohl!"

Ein Blick auf die Gesundheit

Das Thema Gesundheit darf natürlich auch im Bereich Tierschutzkatzen nicht fehlen. Es gibt darüber zahlreiche Fachliteratur und Ratgeber, deshalb möchte ich auf die unterschiedlichen Erkrankungen nicht näher eingehen. Vielmehr möchte ich – vor allem „Katzenneulingen" – ein paar Informationen an die Hand geben, um zu erkennen, welche körperlichen und verhaltenstypischen Merkmale eine gesunde Katze ausmachen. Denn gerade wenn man das Tierchen noch nicht so lange kennt, ist man schnell verunsichert und kann vielleicht das Allgemeinbefinden noch nicht so gut einschätzen wie bei langjährigen Gefährten.

Die ersten Wochen

Außerdem sind auch unsere Hauskatzen immer noch „Naturwesen", die versuchen, Unwohlsein oder Krankheit zu verbergen, weil das in der Natur einem Todesurteil gleich käme. Dort ziehen sie sich erst dann zurück, wenn sie wissen, dass das Ende naht. Vielleicht spricht man deshalb immer wieder von den „zähen" Katzen, die so hart im Nehmen sind. Ihr Leiden wird für uns erst sichtbar, wenn sie es wirklich nicht mehr verstecken können, deshalb ist eine organische Krankheit dann häufig schon fortgeschritten. Je besser wir aber unsere „neue" Katze beobachten und kennenlernen, desto schneller fallen uns auch kleine Veränderungen auf und wir können rechtzeitig reagieren.

Woran man eine gesunde Katze erkennt

Eine gesunde Katze hat sauberes, glattes, glänzendes Fell, klare Augen sowie saubere Ohren und Zähne. Ihre Körpertemperatur liegt zwischen 38 und 39 °C, ihr Näschen ist feucht bis trocken, je nach Umgebung, und das Zahnfleisch ist rosig. Die Fußballen sind fest elastisch und glatt. Bis zu sechzehn Stunden verbringen die Pfötchen mit Schlafen und Dösen, aber nur einige Stunden davon sind Tiefschlaf. In freier Wildbahn fressen sie bis zu zehn Mäuse über den Tag verteilt, wobei es auch vom Nahrungsangebot her „schlechte" Tage mit wenig Nahrung gibt. Deshalb mögen sie als Stubentiger gern mehrere kleine Mahlzeiten am Tag und können dabei sehr wählerisch sein.

Ist ihr Appetit gut, kann man sie durchaus an zwei bis drei feste Fütterungszeiten gewöhnen. Der Appetit variiert meist abhängig von der Jahreszeit. So fressen auch Wohnungskatzen im Herbst und Winter mehr als im Frühjahr und Sommer. Ihr „Winterspeck" schützt sie vor Unterkühlung und stärkt zugleich die Immunabwehr.

Der Fellwechsel findet zweimal jährlich statt, obwohl viele reine Wohnungskatzen aufgrund der fehlenden natürlichen Signale von außen, wie Licht und Temperatur, auch das ganze Jahr über gleichmäßig ihr Fell wechseln. Das gründliche Putzen, mehrmals täglich, gehört zum Alltagsprogramm. Die raue Zunge ist dabei sehr hilfreich und befreit von Schmutz und überschüssigen Haaren. Manche Katzen neigen deshalb, vor allem während des Fellwechsels, zum Herauswürgen verklumpter Haarballen. Weiches Katzengras kann hier Abhilfe schaffen.

Durch das Putzen werden außerdem die Talgdrüsen an den Haarwurzeln angeregt. Das Fett macht das Fell dadurch wasserabweisend, glänzend und geschmei-

Ein Blick auf die Gesundheit

dig. Auch der eigene individuelle Geruch, der bei Sozialkontakten eine große Rolle spielt, wird durch das Lecken über den ganzen Körper verteilt.

Eine gesunde Katze ist interessiert an ihrer Umwelt, spielt gern und ist, je nach Charakter, kontaktfreudig und aufgeschlossen gegenüber Zuneigung. Ihr freundliches Interesse zeigt sie häufig, indem sie uns mit erhobenem Schwanz um die Beine streicht und ihr Köpfchen an uns reibt. Möbelstücke, Türrahmen sowie auch uns Menschen markiert die Katze mit den an der Wange befindlichen seitlichen Duftdrüsen.
Das Schnurren ist Ausdruck des Wohlbefindens und dient zugleich der eigenen Beruhigung, deshalb schnurren auch kranke oder ängstliche Katzen. Ebenso wird vermutet, dass es der Selbstheilung dient.

Der ausgeprägte Jagdtrieb macht sich auch im Spiel bemerkbar und kann, vor allem bei jüngeren Katzen im Übereifer, schon mal zu Kratzspuren an unserer Hand führen. Will man einer Katze das Bäuchlein streicheln, kann es auch zum sogenannten Beutereflex kommen, indem sie mit Vorderpfoten samt Krallen fest zupackt, in die Hand beißt und ihre Hinterpfoten dagegen stemmt. Bewegt man dann die Hand, werden Biss und Griff verstärkt. Das ist äußerst unangenehm, aber eben eine ganz katzentypische Verhaltensweise und keine Verhaltensstörung. Deshalb besser nur in kurzen Intervallen das Bauchkraulen üben.

Viele erwachsene Katzen haben, als Zeichen der Sympathie, das „Treteln" auf der Stelle beibehalten, auch als Milchtritt bezeichnet. Katzenwelpen stimulieren auf diese Weise die Zitzen der Mama und lösen damit den Milchreflex aus. Das „Treteln" vor dem Niederlegen soll ein Überbleibsel aus der Natur sein, weil Katzen damit das Gras niedertreten und zugleich eventuelle Gefahrenquellen wie Schlangen erkennen können. Daher stammt auch das Drehen um sich selbst vor dem Hinlegen, wie man es auch von Hunden kennt.

Die Lautäußerungen sind sehr vielfältig und werden, je nach Charakter, häufig oder seltener in der Kommunikation mit uns eingesetzt. Es gibt regelrechte „Plaudertäschchen", die den ganzen Tag gesprächig sind, und auch die „Mundfaulen", die nur sprechen, wenn Handlungsbedarf besteht, also wenn sie etwas wollen. Mit der Zeit lernt man das Miauen ganz gut zu interpretieren und freut sich über das kurze „Gurren" bei der Begrüßung.

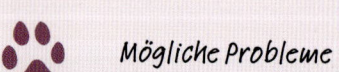

Mögliche Probleme

Mögliche Probleme

Führt man sich vor Augen, dass alle vermittelten Katzen ein bisheriges Leben hatten, das sie prägte, ist ihr neues „Glück in zweiter Hand" auch immer mit einem vorherigen Verlust verbunden. Der Verlust kann eine Person betreffen, einen Kumpel, eine Freundschaft im Tierheim oder, bei ehemaligen Streunern, auch die Gruppe, die Freiheit und das vertraute Revier. Auch wenn ihr bisheriges Leben entbehrungsreich war, kannten sie doch nichts anderes und die Umstellung fällt einigen von ihnen nicht so leicht.

Kummer und Ängste

Aufgrund ihres dünnhäutigen Wesens können Katzen allgemein sehr lange und intensiv trauern. Besonders hart ist es für diejenigen, die „in erster Hand" bisher ein angenehmes Dasein führten und plötzlich ihre Bezugsperson verlieren.
Sei es, weil die alte Dame, deren Ein und Alles ihre Katze war, ins Pflegeheim musste oder gar verstorben ist, oder die Katze, die bisher eine ganze Familie hatte, wird beim Umzug nicht mitgenommen. Der Schock sitzt dann tief und Trauer, Hoffnungslosigkeit und Verzweiflung sind diesen Katzen oft schon ins Gesicht geschrieben. Sie haben alles Vertraute verloren, haben keine Energie mehr und alles Neue wirkt bedrohlich. Als seien sie in einer anderen Welt, sitzen sie dann auch in ihrem neuen Zuhause völlig abwesend in einer dunkleren Ecke und vermeiden jeden Kontakt. Sie haben Heimweh und können sich noch nicht auf die veränderten Lebensumstände einlassen.

Weiß man um solche Geschichten, ist es besser, diesen Tieren die Zeit zum Trauern zu geben und sie nicht allzu sehr zu belästigen. Meist bestimmen die Katzen selbst, wann sie bereit sind für eine neue Bindung und für einen Neubeginn. Sie suchen dann vorsichtig immer mehr die Gesellschaft und verlassen Schritt für Schritt ihre selbstgewählte Isolation. Wohlwollend und ruhig kann man sie dabei unterstützen, indem man nicht gleich zu viel verlangt und erwartet. Manch verletzte Seele heilt eben nur langsam, da hilft keine Ungeduld.

Die Ablehnung liegt auch nicht an den neuen Menschen oder dem Umfeld, das soll man nicht persönlich nehmen. Es ist nicht so, dass diese Katzen nicht wollen. Sie können nur einfach nicht, weil das Erlebte für sie zu belastend war. Sind die Pfötchen nach Monaten noch introvertiert und unzugänglich oder lecken sich womöglich sogar ihr Fell kahl, muss man ein bisschen

Mögliche Probleme

nachhelfen, um sie aus ihrem Trübsinn zu befreien. Vielleicht lassen sie sich durch neue Spiele ablenken von ihrer Trauer oder durch neue Eindrücke, wie einen gemütlichen Fensterplatz.

Wenn man herausfindet, welche Art von Beschäftigung sie besonders mögen, hat man schon einen Ansatz. Denn sind sie zu lange allein mit sich, bleibt zu viel Raum für Melancholie und Hoffnungslosigkeit. Alles, was auf positive Weise ihre Mauer durchbricht, ist sinnvoll.

Auch die Homöopathie bietet Möglichkeiten, das seelische Gleichgewicht wieder zu stabilisieren und die Lebensenergie neu zu erwecken. Katzen sprechen meist sehr gut auf diese Therapie an.

> *In vielen Fällen, außer bei eindeutigen Einzelgängern, ist der beste Therapeut ein friedlicher, freundlicher Artgenosse, der schon allein durch seine Anwesenheit die Welt wieder ein bisschen „bunter" macht.*

Der Artgenosse als Therapeut

Die Tiere haben untereinander meist ein gutes Gespür für das richtige Timing, beispielsweise einer sanften Annäherung oder eines Spielchens. Dadurch beginnt das Eis zu schmelzen und die traurigen Kätzchen sehen wieder Licht am Horizont. Auch die Scheuen und Ängstlichen tun sich leichter mit einem Freund an der Seite, an dem sie sich orientieren können. Es ist ein Irrglaube, dass Tiere den Menschen gegenüber zutraulicher werden, wenn sonst kein Vierbeiner vorhanden ist. Im Gegenteil: Sie beobachten genau, wie wir Menschen mit den anderen Tieren umgehen und wie diese sich dabei verhalten. Dann wissen sie auch eher, dass von uns keine Gefahr ausgeht, und sie wagen früher den körperlichen Kontakt. Geduld ist dennoch oberstes Gebot, damit sie nicht gleich wieder verschreckt sind.

Tiere, die sich lange selbst durchschlagen mussten, oder halbwilde Bauernhofkatzen haben sich praktisch wieder entwöhnt von den Menschen und sind dann fast so scheu wie Wildtiere. Oder die Auslandskatzen hatten bisher noch keine Gelegenheit zu erfahren, dass Menschen auch Gutes bedeuten können. Meistens waren sie aber alle schon eine Zeit lang im Tierheim oder auf einer Pflegestelle und sind schon etwas „gezähmt".

Auch hier kann man mit Homöopathie oder Bach-Blüten viel bewirken und die Panik in den ersten Wochen

Kummer und Ängste

abfangen. Die Zeit und geregelte Abläufe tun ihr Übriges, um die Angst langsam weichen zu lassen.

Vor lauter Mitleid sollte man aber nicht in ständiges „Betüddeln" verfallen, weil dadurch der Zustand noch verstärkt wird. Besser sind auch hier Gelassenheit und Fröhlichkeit im Umgang und in entspannter Atmosphäre immer wieder ein kurzes Streicheln. Das funktioniert am besten während des Spiels, indem man die Schnur, an der das begehrte Objekt befestigt ist, langsam kürzer werden lässt und so die Distanz verringert. So gewöhnt sich eine Katze allmählich an unsere direkte Nähe und lässt vielleicht den ersten Körperkontakt zu.

Katzen, die das nie gewohnt waren, versteifen sich oder fliehen sofort. Trotzdem merken sie eines Tages, dass es angenehm ist, und sie halten das erste Mal, wenn auch etwas angespannt, still. Da hilft nur Ausdauer und Zuversicht, denn auch hier sind es die kleinen Fortschritte, die uns Menschen dann umso mehr begeistern.

Festhalten sollte man die kleinen „Freigeister" nie, ob traurig oder furchtsam, denn dann können sie wirklich in Panik verfallen und alle vorherige Mühe war umsonst.

> *Man muss Katzen selbst entscheiden lassen, wie viel Nähe sie wann ertragen können. Nur so kann man das Vertrauen gewinnen, das vorher in irgendeiner Form erschüttert wurde. Weil sie Angst vor einer erneuten Enttäuschung haben, ist es für einige Katzen so schwierig, sich wieder neu einzulassen.*

Manche entwickeln aufgrund der Altlasten auch Verlustängste und „kleben" förmlich an ihrem neuen Menschen oder können schlecht allein bleiben. Dann wird gejammert und an Tür, Tapete und anderen Dingen gekratzt. Oder sie zeigen sich beleidigt, wenn man nach Hause kommt. Da hilft nur eine langsame Gewöhnung mit kurzen Zeiten, denn die Tiere haben extremen Stress durch diese Ängste und brauchen wieder eine Zeit, bis sie entspannen können. Ihr Verhalten während der Abwesenheit ihrer Bezugsperson ist also keine Trotzreaktion, wie vielfach fehlinterpretiert wird, es entsteht vielmehr aus ihrer Angst, auch diesen Menschen wieder zu verlieren.

Auch hier kann ein vierbeiniger Freund wahre Wunder wirken. Der darf dann etwas selbstbewusster und ausgeglichener sein, damit sich seine Gelassenheit

Mögliche Probleme

Ob draußen oder drinnen – das Kratzen gehört zu dem normalen Verhaltensmuster einer Katze.

Kummer und Ängste

auch überträgt. Sonst hat man beim Nachhausekommen zwei verstörte Tierchen vor sich, die sich gegenseitig nervös machen. Oft erleichtert ein getragenes T-Shirt die Zeit des Wartens oder ein Privileg, das nur gewährt wird, wenn man außer Haus ist. Das kann eine Decke an einem besonders reizvollen Platz sein oder das Öffnen der Schlafzimmertür, damit Mieze auf dem Bett schlafen kann. Die schlauen Stubentiger begreifen das Prinzip recht schnell und zudem geben solche Rituale auch Sicherheit.

> *Katzen mögen allgemein keine verschlossenen Türen. Gerade die Zimmer, die für sie tabu sind, interessieren sie am meisten. Sie lieben es, durch die frei zugängliche Wohnung zu streifen und die Räume zu inspizieren.*

Aussperren ist wie eine Bestrafung

Soll ein Zimmer absolut tabu sein, kann man Katzen wenigstens zeigen, was sich hinter der Tür verbirgt. Dann ist ihre Neugier oft schon befriedigt. Allerdings werden Katzen unzufrieden, wenn ihnen während des Alleinseins nur der Flur und das Bad zur Verfügung stehen. Manche Besitzer machen das aus Angst, dass etwas kaputt geht oder Teppiche und Sofas als Kratzbrett benutzt werden. Zeigt man ihnen im Alltag als Alternative immer wieder sofort den Kratzbaum oder das Kratzbrett, lernen sie aber schnell, das Inventar nicht zu bearbeiten.

Man kann insgesamt davon ausgehen, dass sie auch allein nicht mehr und nicht weniger anstellen als sonst. Die Ausnahme sind junge Kätzchen, die im Eifer des Spiels auch mal etwas umwerfen können oder selbst in Gefahr geraten.

Gerade für Wohnungskatzen ist das zeitweilige Verschließen sämtlicher Türen eine erhebliche Einschränkung ihres Lebensraums, was sie zudem als Bestrafung empfinden. Selbst das nächtliche Aussperren aus dem Schlafzimmer verstehen sie nicht. Man kann sie zwar daran gewöhnen, aber ein eigenes Körbchen im Schlafzimmer wird auf jeden Fall bevorzugt. Für sie ist es nämlich ganz natürlich, die Nacht gemeinsam zu verbringen, am liebsten direkt im Bett.

Will man das vermeiden, braucht man gute Nerven und muss die Katzen die ersten Nächte immer wieder vom Bett ins Körbchen setzen, auch wenn sie dann morgens doch wieder zusammengerollt auf der Bettdecke liegen.

Mögliche Probleme

Zweisamkeit ist wichtig

Katzen können in vieler Hinsicht große Ausdauer beweisen, wenn ihnen etwas wirklich wichtig ist, und ihre Hartnäckigkeit führt auch häufig zum Erfolg. Das gemeinsame Schlafen hat einen hohen Stellenwert: Es gibt ihnen viel an Sicherheit, Geborgenheit, verstärkt die Bindung und das Zugehörigkeitsgefühl. Katzen sind wahre Genießer der „stillen Zweisamkeit" und wer ihr zufriedenes, beruhigendes Schnurren während des Einschlafens einmal genossen hat, möchte es nicht mehr missen.

Viele Menschen, die eigentlich einen Hund wollten, schaffen sich eine Katze an, die nicht „Gassi gehen" muss und bestimmt den ganzen Tag gut allein bleiben kann. Wenn man sich vorstellt, wie langweilig so ein Tag des Wartens werden kann, ist das keine gute Ersatzlösung. Zwar schlafen die Tiere viel, wollen dann aber abends umso mehr Aufmerksamkeit, was wiederum das berufstätige Herrchen oder Frauchen, das sich nach einem anstrengenden Arbeitstag erholen will, stressen kann. Jüngere Kätzchen sind dann auch in der Nacht topfit und Ruhe und Frieden sind dahin. Ältere können auf Dauer zu „Kummerkatzen" werden: trübsinnig, träge und lustlos.

Da braucht es neue Reize, mehr zwei- oder vierbeinige Gesellschaft und Motivation. Es muss wieder „Leben in die Bude", der Kreislauf muss in Schwung kommen, denn auch ältere Katzen sind in der Natur noch sehr bewegungsfreudig und neugierig.

Aggression und Eifersucht

In den ersten Wochen sind die meisten Katzen unsicher und auch die Selbstbewussten unter ihnen wirken noch etwas zurückhaltend und vorsichtig. Haben sie sich dann eingewöhnt, stellt man eventuell fest, dass man sich eine richtige „Kratzbürste" angelacht hat. Sobald ihr etwas nicht passt, faucht, kratzt und beißt sie oder ihre Aggression richtet sich gegen Artgenossen und Gegenstände. Manche haben regelrecht Aggressionsschübe und greifen dann unkontrolliert alles an, was ihnen im Weg ist. Das kann auch der eigene Schwanz sein, der dann „bekämpft" wird. Sie wirken dabei völlig außer Kontrolle. Nach ein paar Minuten sind sie total erschöpft und die Lage hat sich wieder beruhigt.

Alle Katzenbesitzer kennen bestimmt die „närrischen fünf Minuten", in denen die Pfötchen durch die Wohnung sausen, als gäbe es kein Morgen. Das ist einfach überschüssige Energie, die vor allem bei reinen Woh-

Aggression und Eifersucht

nungskatzen ein Ventil braucht und durch diesen „Rappel" abgebaut wird.

Bei einer Tendenz zur Aggression verstärkt sich der Zustand und zusammen mit all der negativen Energie kommt es zu diesen Aggressionsanfällen. Das sind auch die Katzen, bei denen es während des Spiels schnell in Angriff umschlagen kann und, bevor man sich versieht, bekommt man die Krallen zu spüren. Die Ursachen dieses Verhaltens können vielfältig sein.

> *Ein gewisses Aggressionspotenzial ist auch bei unseren Stubentigern durchaus noch vorhanden. Sie sind und bleiben Raubtiere mit einem gehörigen Jagdtrieb und einer gehörigen Portion Aggression.*

Diese Katze ist noch unsicher, ob sie mit Flucht oder Angriff reagieren soll.

In der Natur sichert ihnen dies einerseits die Nahrung und andererseits schützt ihre Angriffsbereitschaft auch vor vermeintlichen Feinden. Deshalb ist das Aggressionspotenzial bei unkastrierten Katern, die ihr Revier verteidigen, auch höher. Bei einigen ist diese Eigenschaft, trotz Domestikation und Kastration, einfach stärker ausgeprägt und sie zeigen häufiger die Krallen – genau, wie es Freigänger gibt, die kaum Mäuse fangen, und andere, die ihrem Jagdtrieb trotz guter Versorgung tagtäglich nachkommen.

Es kann auch sein, dass extreme Aggression ein erlerntes Verhaltensmuster ist, das sich vor allem ehemalige Streuner über die Jahre angeeignet haben. Sie konnten sich damit regelrecht durchschlagen, sich Angreifer vom Hals halten und der Erfolg bestärkt sie dann immer mehr in diesem Verhalten. Das Leben hat sie gelehrt, dass Angriff die beste Verteidigung ist und fortan sollen sich alle anderen unterordnen. Vielleicht waren die kleinen Tyrannen früher ganz friedliche und

Mögliche Probleme

sogar ängstliche Gesellen. Denn dahinter steckt oft ein sehr empfindliches Wesen und die harte Schale dient nur dem Selbstschutz.

Aggression ist nicht angeboren

Kein Tier wird unsozial oder als „Rambo" geboren, die gereizte Aggressionsbereitschaft ist immer auch das Resultat gewisser Erfahrungen oder eines extrem reizarmen Lebens. In den schlimmsten Fällen ist das Verhalten die Folge einer zu strengen Erziehung, Verwahrlosung, Demütigung oder Misshandlung in der Vergangenheit. Diese Tiere hatten keine liebevollen Menschen um sich, sind nun mit jeder Veränderung überfordert und reagieren in ihrer Hilflosigkeit aggressiv. Meistens lebten sie auch noch in dumpfer Eintönigkeit, lernten kaum etwas kennen und sind nun durch alle neuen Außenreize, wie Lärm, Musik, fremde Geräusche, Menschen und Artgenossen, zutiefst verunsichert. Bei besonders reizempfindlichen Katzen lösen dann oft bestimmte Geräusche diese Aggressionsschübe aus. Auch chronisch unterforderte oder eifersüchtige Katzen können zur Aggression neigen, dazu später mehr.

Gewisse Formen der Epilepsie können beispielsweise als aggressive Anfälle missverstanden werden. Ist die Katze körperlich gesund, sollte man sich nicht scheuen, professionelle Hilfe in Form eines Therapeuten in Anspruch zu nehmen, weil diese Probleme auch individuell betrachtet werden sollten. Die Tiere müssen langsam lernen, dass es auch ohne Aggression geht, und das muss man ihnen zeigen, indem man sofort aus der Situation herausgeht, wenn es brenzlig wird. Es gibt meistens Vorzeichen wie sehr unruhige Schwanzbewegungen, nach hinten gelegte Ohren und starrer Blick. Dann sollte man sich einfach entfernen und mit anderen Dingen beschäftigen. Auch ein altes griffbereites Kissen kann als „Prügelknabe" gute Dienste leisten. Damit kann die negative Energie kanalisiert werden und die „Kampfkatze" kann sich richtig daran auslassen. Denn Ablenkung und liebe Worte finden in dem angespannten Zustand keine Resonanz.

> *Begreift man das komplexe Thema, wird auch klar, dass hier jede Art von rüder Bestrafung kontraproduktiv wäre und damit ein Teufelskreis in Gang gesetzt würde. Eine Vorstellung beim Tierarzt empfiehlt sich in jedem Fall, denn auch körperliche Erkrankungen können unleidlich und aggressiv machen.*

Aggression und Eifersucht

Dienen vorwiegend Artgenossen oder andere Familienmitglieder dem heftigen Aggressionsabbau, muss man einschreiten. Am besten den Angreifer mit dem Kissen in eine andere Richtung schieben, damit Körperkontakt und Blickkontakt unterbrochen werden. Hat man den Moment verpasst, hilft nur noch lautes Klatschen, um den Angreifer zu erschrecken. Niemals sollte man versuchen, eine der Katzen auf den Arm zu nehmen, um sie zu schützen, denn dabei riskiert man selbst böse Verletzungen und schürt damit auch die Wut des „Täters".

Lieber so schnell wie möglich, ohne große Worte, wieder zur Tagesordnung übergehen, um dem Ereignis nicht zu viel Wichtigkeit zu verleihen. Auch wenn es noch so schwer fällt und der Leidensdruck schon zugenommen hat, darf man gerade aggressive oder eifersüchtige Katzen nicht mit Missachtung strafen. Sie bemerken einen genervten Tonfall genauso wie die reduzierte Zuwendung und reagieren dann noch heftiger.

Ein paar Annehmlichkeiten zwischendurch wie ein heimliches Leckerli oder ein neues interessantes Spielzeug führen viel eher zum Ziel. Denn je wohler sich die Katzen fühlen, desto weniger Grund haben sie zu Wut und Streitsucht. Deshalb muss man nicht alles

Von einem ruhigen sonnigen Plätzchen aus ihr Umfeld zu beobachten – das lieben Katzen.

Mögliche Probleme

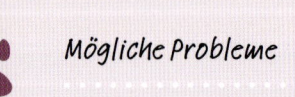

In ihrem neuen Zuhause müssen sich Katzen erst an viele neue Reize gewöhnen und bevorzugen dafür oft einen erhöhten Platz.

erdulden, ein autoritäres „Nein" bei Eskapaden oder ein Heruntersetzen vom Tisch sind sehr wohl erlaubt. Wichtig ist, dass man konsequent bei den Verboten bleibt und richtiges Verhalten gleich lobt und belohnt.

Das Füttern vom Tisch mit kleinen Essensresten sollte man gar nicht erst anfangen, sonst bettelt die Katze bei jeder Mahlzeit. Auch gesundheitlich tut man ihr damit nichts Gutes, weil unsere Speisen viel zu stark

Aggression und Eifersucht

gewürzt und gesalzen sind. Der übliche liebevolle Umgang sollte nach einer Zurechtweisung fortgesetzt werden, denn Katzen können ein nachtragendes Verhalten nicht mehr zuordnen. Sie empfinden eine länger andauernde Ablehnung als sehr irritierend und werden dadurch äußerst verunsichert.

Gewöhnung an andere Katzen

Manchmal hatten sich die Tiere im Tierheim – notgedrungen – mit Artgenossen arrangiert und man ging davon aus, dass es mit Katzengesellschaft keine Probleme geben wird. In ihrem neuen Daheim werden dann aber alle anderen permanent drangsaliert und es stellt sich heraus, dass der oder die „Neue" alle Aufmerksamkeit für sich einfordert und keinerlei Interesse an den vierbeinigen Mitbewohnern zeigt. Die Katze will ihr neues Frauchen oder Herrchen nicht mit anderen teilen und reagiert wütend, wenn auch den anderen Beachtung und Zuneigung geschenkt werden. Hier können schlechte Erfahrungen oder große Entbehrungen in der Vergangenheit die Ursache sein. Diese Tiere wollen nun endlich eine Bezugsperson ganz für sich allein. Oder sie waren schon früher alleinige Herrscher, was im Tierheim aber nicht bekannt war, und genossen sämtliche Privilegien. Kommt es auch nach Monaten immer wieder zu ernsthaften Kämpfen, wäre ein Einzelplatz wohl die beste Lösung.

> *Bei Auseinandersetzungen muss man genau hinschauen und sollte keine überstürzte Entscheidung treffen. Kann man die Situation nicht richtig einschätzen, holt man sich am besten über die katzenerfahrenen Vermittler noch eine zweite Meinung ein.*

Es gibt auch richtige Rüpel beim Spiel, die dann erstaunt sind über die heftige Reaktion des Spielpartners, der das nicht mehr lustig findet. Und was für Katzen oft nur harmloses „Geplänkel" ist, wird von Menschen häufig falsch interpretiert, weil sie das von ihrem Liebling so gar nicht kennen. Dabei handelt es sich eben um eine ganz natürliche Reaktion und ist kein Grund zur Panik. Echte Ablehnung zeigt sich daran, dass auch auf Distanz bei jeder Begegnung Signale wie Buckeln und Fauchen gezeigt werden und es fast immer im ernsthaften Kampf endet. Oder einer lauert dem anderen permanent auf, um ihn zu „verprügeln".

Manchmal zeigen die Alteingesessenen ihre Abneigung stärker während der Anwesenheit der Bezugs-

Mögliche Probleme

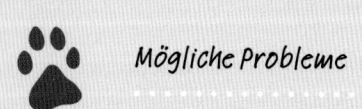

person, um damit ihrem Unmut auch entsprechend Ausdruck zu verleihen. Fühlen sie sich dann unbeobachtet, ertappt man beide beim gemeinsamen Spiel. Liegen sie, wenn auch mit Abstand, das erste Mal zusammen auf der Couch, gibt es langfristig eine Chance auf Frieden.

Anfängliche gegenseitige Eifersucht ist in Katzenkreisen durchaus normal und – mit genügend Aufmerksamkeit für alle – gut in den Griff zu bekommen. Auch hier helfen unterschiedliche Rituale, die jedem Tier zeigen, dass es gebührend beachtet wird und nicht zu kurz kommt. Für die „Kuschler" sind es vielleicht ein paar Minuten auf dem Schoß, für die Lebhaften ein kleines Spielchen nur mit ihnen und für die „Feinschmecker" ein kleiner Leckerbissen während des Kochens. Diese exklusiven Momente haben große Bedeutung für unsere anspruchsvollen Samtpfötchen, zeigen sie ihnen doch, dass sie willkommen und besonders sind.

> *Aufgrund der vielfältigen Charaktere und Persönlichkeiten variieren auch die Vorlieben und Bedürfnisse, deshalb ist absolute Gleichbehandlung nicht zwangsläufig gerecht.*

Die kleine „Klette" braucht eben mehr Schmuseeinheiten als der unabhängige „Macho", der, tagesformabhängig einmal mehr und einmal weniger Körperkontakt duldet.

Außerdem gibt es noch die Zaghaften, die sich nicht trauen, ihre Wünsche einzufordern, und abwarten, ob man sie vielleicht beachtet. Sie sind brav und schüchtern, freuen sich aber umso mehr, wenn man auf sie eingeht. Durch ihre Zurückhaltung fallen sie nicht so sehr auf und gehen deshalb in einer Gemeinschaft schnell unter. Wie die anderen achten sie trotzdem genau auf die Verteilung der Gunst und fühlen sie sich vernachlässigt, ziehen sie sich gekränkt zurück.

Es braucht also immer ein gewisses Fingerspitzengefühl, allen gerecht zu werden. „Einfach laufen lassen" funktioniert zwar manchmal, aber es liegt an uns, eine Basis zu schaffen, die ein harmonisches, zufriedenes Zusammenleben gewährleistet. Dass wir diese Aufgabe ernst nehmen, erwarten unsere Miezen mit Recht auch von uns.

Unterforderung

Unterforderung

Von Natur aus sind Katzen – auch im Alter – bewegungslustig, verspielt und neugierig. In freier Wildbahn ist ihr Tag ausgefüllt mit Jagen, Spielen, Revierkontrolle und angemessenen Erholungspausen. Langeweile ist ihnen fremd und deshalb brauchen unsere Stubentiger auch in der Wohnung einige Anreize.

Richtig Spielen mit Katzen

Man muss sie, wie schon erwähnt, nicht den ganzen Tag „bespaßen". Sie brauchen aber einfach schon aus gesundheitlichen Gründen Möglichkeiten zur körperlichen Aktivität. Hat man sich ein jüngeres Kätzchen ins Haus geholt, gehört ein ausreichendes Beschäftigungsprogramm zum täglichen Alltag. Sonst suchen sich die quirligen „Jungspunde" ihre Beschäftigung selbst und das kann unter Umständen sogar gefährlich werden. Also besser selbst kreativ werden und neben dem Bällchenwerfen immer wieder den Entdeckungsdrang befriedigen. Das können auch einfache Dinge sein, wie ein Karton mit Löchern, Papier, in dem man kleine Baldrianmäuse versteckt, oder eine mit kleinen Leckerli gefüllte Papprolle.

Auch wenn man ein Pärchen zu sich geholt hat, sind gemeinsame Spielzeiten sehr wichtig, weil man da-

Wenn sich eine Katze sehr häufig am Ohr kratzt, sollte man abklären, ob es eine krankhafte Ursache hat.

Mögliche Probleme

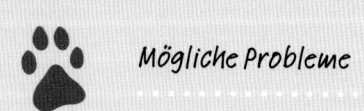

durch die Bindung und das Vertrauen fördert. Sie beschäftigen sich zwar viel mit sich selbst, balgen und jagen sich durch die Wohnung, wobei ihre Energie erstaunlich ist. Durch das kontrollierte Spiel mit uns werden sie aber schneller zutraulich und lernen auch den vorsichtigeren Umgang mit uns Menschen.

Besser als lange Spieleinheiten sind, wenn möglich, mehrere kurze am Tag. Auch Freigänger-Katzen lieben „Indoor-Spiele". Ihre Neugier wird zwar auch draußen befriedigt, aber sie genießen das sichere Spielen in den geschützten vier Wänden trotzdem. Dadurch wird auch der Aufenthalt im Haus positiv verknüpft. Ist es ihnen nämlich daheim allzu langweilig, kommen sie bald nur zum Schlafen und Fressen nach Hause und das neue Herrchen oder Frauchen dient nur noch als Türöffner.

Der Freiheitsdrang ist natürlich abhängig von Charakter, Vorlieben und auch Wetterlage. Manche empfindlichen Samtpfötchen bleiben im Winter gern in der warmen Stube und andere sind auch bei Sturm und Regen nicht abzuhalten von ihrem täglichen Kontrollgang. Einen warmherzigen Empfang beim Nachhausekommen und das tägliche Spielen schätzen sie aber alle. Etwas ältere Katzen sind meist schon anspruchsvoller, was das Spielen anbelangt. Manche sind schnell gelangweilt und können unsere Begeisterung für den neuen Springball nicht teilen. Sie ziehen verständnislos von dannen und lassen uns enttäuscht zurück.

> *Katzen werden nie Begeisterung uns zuliebe heucheln. Ihre Konsequenz hinsichtlich der Dinge, die sie ablehnen, ist immer wieder verblüffend und überraschend zugleich.*

Diese absolute Ehrlichkeit ermöglicht es uns aber, sie besser kennenzulernen und herauszufinden, auf welche Weise man ihr Interesse wecken kann. Mein Kater Mika liebt zum Beispiel Fangenspielen: Ich muss ihn suchen, seinen Namen rufen und so tun, als sehe ich ihn nicht, und dann schießt er wie der Blitz aus seinem Versteck und ich hinterher. Das ist ihm lieber als jedes Ballspielen und wir praktizieren das schon seit Jahren. Hat er länger keine Lust dazu, merke ich daran, dass irgendetwas sein sensibles Gemüt belastet.

Erziehung und Beschäftigung

So unterschiedlich die Persönlichkeiten sind, so unterschiedlich sind die Neigungen und man muss Verschiedenes ausprobieren. Selbstverständlich gibt es

Unterforderung

auch die faulen „Garfield-Katzen", die sich nur dann bewegen, wenn die Futtertüte klappert oder raschelt. Dann sind sie plötzlich recht flink und die Ersten am Futternapf. Gerade diese „Faulpelze" brauchen, auch aus gesundheitlicher Sicht, Bewegung für Körper und Geist. Der Stoffwechsel muss angekurbelt werden, der Kreislauf muss in Schwung kommen und auch der Kopf braucht etwas zu tun, um nicht abzustumpfen. Dann macht man sich ihre Fresslust zunutze und entwickelt Spiele mit Futtersuche oder Futterbelohnung, wobei man das Futter bei der täglichen Ration dann wieder abzieht.

Auch das Clicker-Training hat in der Katzenwelt Einzug gehalten und kann gleichzeitig als Erziehungsmethode genutzt werden. Anfangs bekommt Mieze nach jedem Click ein Katzensnack und verbindet das Clicken damit positiv. Später ist das reine Clicken die Belohnung und so kann man neben allerhand kleinen Kunststückchen auch erwünschtes Verhalten positiv bestärken. Beginnen sollte man mit kurzen Übungszeiten, also ein paar Minuten, damit das Interesse erhalten bleibt. Der Fantasie sind also fast keine Grenzen gesetzt und Wohnungskatzen brauchen immer wieder neue Reize und Motivationen, gerade, wenn sie viel allein sind. Man kann ihnen selbst eine Spielinsel basteln, also ein Brett, auf dem unterschiedliche Behältnisse, gefüllt mit Leckerli, befestigt sind. So hat die Katze auch während unserer Abwesenheit eine sinnvolle Beschäftigung und die Zeit wird nicht so lang.

Oft hat sich nämlich auch bei uns ein gewisser Trott eingestellt und wir bemerken erst gar nicht, dass der Kater immer unzufriedener wird oder die Katze fast den ganzen Tag verschläft. Dann ist es höchste Zeit für neue Aktivitäten und neuen Schwung. Permanente Unterforderung kann sonst auf Dauer zu Aggression, Depression und auch körperlicher Erkrankung führen. Oder es steckt eine Krankheit hinter der Bewegungsunlust. Gerade ältere Katzen leiden öfter unter einer Schilddrüsenerkrankung oder einer Niereninsuffizienz. Ist dies abgeklärt, hilft die einfache Frage, die ich auch bei meinen Hausbesuchen immer stelle: „Was macht Mieze denn den ganzen Tag?" Sehe ich dann in ratlose Gesichter, ist das schon ein erster Schritt in eine künftige, dringend notwendige Veränderung.

Wenn wir uns wieder mehr mit ihnen beschäftigen, danken uns das unsere Katzen mit Wohlbefinden, Zuneigung und Vertrauen. Sie erfreuen sich an der vermehrten Zuwendung ungemein und: „Ist die Katze zufrieden, freut sich der Mensch!"

Unsauberkeit

Eines der häufigsten Probleme beim Zusammenleben von Mensch und Katze ist die Unsauberkeit. Im Tierheim ist es ein bevorzugter Abgabegrund und in Therapeutenkreisen ist es ein Dauerthema. Kein anderes Thema kratzt so am Nervenkostüm von Katzenbesitzern, weil damit in praktischer Hinsicht so viele Unannehmlichkeiten verbunden sind und auch der emotionale Druck steigt. Will man doch, dass sich die Pfötchen wohlfühlen, und ist nun, aufgrund der präsenten Hinterlassenschaften, ständig damit konfrontiert, dass etwas nicht stimmt. „Sie hat doch alles!", ist deshalb der meistgehörte verzweifelte Ausspruch. Was also will uns Mieze damit sagen?

> Als Erstes muss man unterscheiden, ob es sich, wie bei unkastrierten Katern, um ein Markieren handelt, um ein krankheitsbedingtes Problem oder um eine sogenannte psychische Entlastungsreaktion.

Markieren

In der Natur ist das Markieren des Territoriums durchaus normal und mancher Kater zeigt dieses Verhalten, trotz Kastration, auch weiterhin in der Wohnung. Auch das Kratzen an Gegenständen dient dem Markieren ebenso wie das seitliche Köpfchenreiben, indem das Sekret der Duftdrüsen verteilt wird. Für einen Kater ist es ganz natürlich und notwendig, auf diese Weise das Haus vor etwaigen Eindringlingen zu „schützen", besonders, wenn es freche Nachbarskatzen gibt, viel Lärm in der Umgebung oder neue Mitbewohner, die sich „breitmachen".

Auch für Streunerkatzen aus dem Ausland gehörte das Markieren zum Alltag. Sie haben vielleicht noch nie eine Wohnung betreten und wollen dann natürlich auch ihr neues Reich sichern. Manche verstehen schnell, dass dies in der Wohnung nicht nötig ist, und praktizieren es nur noch draußen, bei anderen dauert es länger.

Das territoriale Markieren erkennt man daran, dass es überwiegend im Stehen an senkrechten Flächen wie Wänden, Vorhängen oder Schranktüren praktiziert wird. Abhilfe können getragene Kleidungsstücke an diesen Stellen schaffen, die ausdrücken: Hier ist bereits markiert.

Auch Pheromone haben sich bewährt, die es als Spray und Stecker für die Steckdose gibt. Das sind Geruchsbotenstoffe, die der Katze Wohlbefinden und Stress-

Unsauberkeit

Besonders junge Katzen sind sehr verspielt. Da ist der Osterstrauch natürlich eine willkommene Abwechslung.

freiheit signalisieren. Auf Gerüche können Katzen sehr unterschiedlich reagieren. Bei manchen wirken sofort die Pheromone, andere bevorzugen eher Katzenminze oder Baldrian. Ein Langzeitversuch ist aber durchaus sinnvoll.

> *Bei allen anderen Arten der Unsauberkeit, vor allem wenn auch Kot an unpassenden Stellen abgesetzt wird, sollte immer eine tierärztliche Untersuchung erfolgen.*

Mögliche Probleme

Physische und psychische Ursachen

Oft stecken auch Blasenentzündung, Niereninsuffizienz oder andere organische Erkrankungen hinter einer Unsauberkeit. Da Stubenunreinheit immer eine Entlastungsreaktion darstellt – auf körperlicher oder seelischer Ebene – zeigt uns die Katze damit eindringlich, dass ihr etwas „fehlt". Das ist auch der Grund, warum das „Malheur" manchmal genau vor den Augen der Besitzer stattfindet, um sicher zu gehen, dass es auch bemerkt wird.

Ist gesundheitlich nichts festzustellen, kann man davon ausgehen, dass die Katze mit irgendetwas in ihrem Leben nicht zurechtkommt. Bei sehr sensiblen Pfötchen reicht da schon ein neues Möbelstück oder ein Umstellen der Möbel. Es kann auch ein Ereignis sein, das länger zurückliegt, wie die Trennung von einer Bezugsperson, die ihnen immer noch Kummer bereitet.

Anfangs bemerkt man vielleicht gar nicht, dass es der Mieze schlecht geht, weil Tiere von Natur aus Probleme auch lange verstecken. Schaffen sie es dann nicht mehr, folgen die Entlastungsreaktionen. Es fällt oft schwer, das damalige Ereignis zuzuordnen, meist findet sich aber etwas Einschneidendes, wie Zuwachs, Verlust oder auch Umzug, in der Vergangenheit. Für uns Menschen war das Ganze vielleicht keine große Sache, aber in ihrer Welt ist es eine Katastrophe.

Da hat die Katze vielleicht nach Jahren endlich einen Garten und wird in der neuen Wohnung plötzlich unsauber. Niemand weiß, dass der Nachbarskater diesen Garten ganz selbstverständlich zu seinem Revier zählt und die neue vierbeinige „Mieterin" jedes Mal in Angst und Schrecken versetzt, wenn sie vorsichtig die Gegend erkunden will. Das bedeutet Dauerstress und ist für die Katze alles andere als eine „Lappalie".

Auch Eifersucht auf Zwei- und Vierbeiner kann diese Art von Reaktion auslösen. Oder das ständige Mobbingopfer kann die Situation nicht mehr ertragen. Auch ein unruhiges, lautes, unharmonisches Umfeld stellt für Katzen eine Belastung dar. Sie ziehen sich dann mehr und mehr zurück und leiden – oft unbemerkt – still vor sich hin. Deshalb ist es auch so wichtig, Kindern verständlich zu machen, dass die Katze kein neues Spielzeug ist, das man bei Bedarf benutzt. Die vielen Pfützen in Kinderzimmern sprechen da Bände. Alle bisher angeführten Probleme, wie Angst, Kummer, Einsamkeit, Unterforderung und Aggression, können in Unsauberkeit enden.

Unsauberkeit

> *Die Beispiele zeigen die Vielschichtigkeit des Themas und dass die Unsauberkeit nur ein Resultat ist. Darunter kann sich eine Vielzahl an Problemen verbergen, die alle eines gemeinsam haben: Es gibt immer einen Grund, der sich nur manchmal nicht mehr finden lässt.*

Das Problem isoliert von den Ursachen zu betrachten, hilft keinem, am wenigsten der Katze. Seiner Entrüstung, Enttäuschung und Wut Ausdruck zu verleihen, setzt nur einen Teufelskreis in Gang, der das Verhalten noch verschlimmert und sogar zu einer Trennung führen kann. Was also tun?

Was kann man tun?

Praktisch kann man beim Katzenklo beginnen, indem man ein zusätzliches in einer ruhigen Ecke aufstellt, ein Dach abnimmt oder daraufsetzt, das Streu wechselt und die Pfützen, ohne ammoniakhaltige Putzmittel, unbemerkt entfernt. An den bevorzugten Stellen verstreut man Leckereien, denn Katzen urinieren nicht an den Plätzen, an denen sie fressen. Bevorzugte Stellen am Sofa kann man einige Zeit mit Plastik abdecken, dafür aber neue attraktive Annehmlichkeiten schaffen, wie kuschelige Höhlen, ein kleiner Kratzbaum und intelligentes Spielzeug.

Auch hier bieten sich Wohlfühl-Pheromone, Bach-Blüten oder auch die Homöopathie als Unterstützung an. Denn genau beim Wohlfühlen liegt der Ansatzpunkt und alle praktischen Vorkehrungen werden nur dann erfolgreich sein, wenn die Ursache auch hier ihren Ursprung hat, wenn also das Klo, die Streu oder der Platz nicht passt.

Bei mehreren Katzen kann es durchaus der Fall sein, dass während des „Geschäftes" laufend gestört wird oder einer auf der Lauer liegt, der den Weg dahin versperrt. Läuft auf diesem Gebiet alles unauffällig, tun wir gut daran, unser Verhalten zu überdenken und auch zu ändern.

Auch wenn es schwer fällt, geht es darum, dass die Katze ihr seelisches Gleichgewicht wiederfindet, sich angenommen und geliebt fühlt. Besteht nämlich die Unsauberkeit schon länger, herrscht verständlicherweise oft schon eine angespannte Atmosphäre und die Katze spürt die negative Grundstimmung seitens ihrer Besitzer. Da gab es schon Reglementierungen, wie etwa Aussperren aus dem Schlafzimmer, oder Bestrafungen, wie Schimpfen oder Wasserspritzen. An diesem Punkt muss man zum Anfang zurück und genau das Gegenteil umsetzen.

Mögliche Probleme

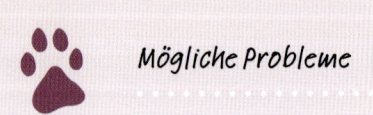

Die etwas zurückhaltenderen Katzen ziehen sie sich gern zurück an einen geschützten Ort, um ihre Umgebung genau zu beobachten.

Die Katze braucht mehr positive Aufmerksamkeit und liebevolle Betreuung von der gesamten Familie, also den „roten Teppich". Es ist ganz wichtig, dass hier alle an einem Strang ziehen, denn die Samtpfötchen registrieren nicht nur Ablehnung, sondern auch jegliche Form von Ignoranz oder nicht ehrlich gemeinter

Beachtung. Mieze spürt genau, wenn beispielsweise Frauchens neuer Freund nicht gerade begeistert von ihr ist und sie „links liegen" lässt. Bemüht er sich um ihre Gunst in Form von Spielen, Kuscheln und auch Füttern, erlebt sie ihn als Bereicherung und nicht als Konkurrenz. Aus menschlicher Sicht mag dieses „Hofieren" unlogisch wirken, als belohne man nun auch noch das Fehlverhalten. Begreift man aber die Unsauberkeit nicht als Trotzreaktion, sondern als Spitze des Eisberges und erkennt ein psychisches Problem dahinter, kann man den angeschlagenen Gemütszustand nur auf positive Weise wieder stabilisieren.

Katzen spüren sofort das veränderte „Klima" und auch wenn der Auslöser nicht mehr gefunden werden kann, gibt man ihnen damit die Möglichkeit, Belastungen besser zu verarbeiten. Sie fühlen sich wieder verstanden und geliebt, denn: Alles ist leichter mit einem Freund an der Seite.

Der siebte Sinn

Die Sinnesorgane einer Katze sind wesentlich ausgeprägter als bei uns Menschen und die Wissenschaft hat noch nicht alle Fähigkeiten, wie den Ortssinn, vollkommen entschlüsselt. Fest steht, dass sie uns beim Sehen, Riechen, Hören, Tasten und Gleichgewichthalten weit voraus ist. Sie ist also aufgrund ihrer körperlichen Fähigkeiten schon ein Meisterwerk und fasziniert zusätzlich durch ihre Eleganz, Geschicklichkeit und Geschmeidigkeit. Da gibt es aber noch etwas auf der Gefühlsebene, das Katzen so besonders macht.

> *Katzen haben ein untrügliches Gespür für die Stimmung ihrer Bezugsperson und ihr Verhalten reflektiert oft die entsprechenden Gemütszustände oder ist eine Reaktion darauf.*

Es müssen nicht die offensichtlichen Missstimmungen wie Wut, Ärger oder Streit sein, es sind auch die verborgenen wie Traurigkeit, Einsamkeit, ständige Überforderung oder innere Ängste. So kann es vorkommen, dass das nervöse unruhige Frauchen sich wundert, warum Mieze plötzlich so schreckhaft ist, sich dauernd das Bäuchlein schleckt und nachts nicht zur Ruhe kommt. Auch die Unsauberkeit kann eine Reaktion auf latente negative Stimmungen unsererseits sein. Die Katze spürt, dass etwas nicht stimmt,

Mögliche Probleme

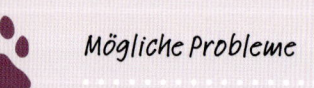

Mit ihren Sinnen sind uns Katzen um einiges voraus.

sie hat regelrecht emotionale Antennen und ist insofern ein hervorragender Spiegel unserer aktuellen Lebenslage und Lebenseinstellung.
Vielleicht haben wir unsere momentane Unzufriedenheit oder unterschwellige Gereiztheit selbst noch gar nicht wahrgenommen, die Katze aber schon und sie weist uns durch ihr verändertes Verhalten darauf hin. Sie kommt vielleicht nicht mehr so oft zum Streicheln

und wirkt insgesamt unausgeglichen oder zieht sich mehr zurück. Entwickelt man selbst ein Gespür für kleine Verhaltensveränderungen der eigenen Katze, kann man sich selbst hinterfragen, ob es hier vielleicht einen Zusammenhang geben könnte.

> *Achtsamkeit ist im Zusammenleben eine große Chance, auch für uns Menschen. Katzen sind sehr achtsam und sie sind absolut ehrlich in ihrem Verhalten uns gegenüber.*

Das ist kein Widerspruch zu ihrem Stolz, ihrem Eigensinn und ihrer Schläue, die ihnen den ungerechtfertigten Vorwurf der „Falschheit" eingebracht hat. Sie achten vorbildlich auf sich und sie achten sehr feinsinnig auf ihr Umfeld. Man kann ihnen so leicht nichts vormachen und wir alle, die Katzen mögen, kennen diesen ganz speziellen Blick, mit dem sie uns manchmal betrachten.

Es ist ein ruhiger, wissender, eindringlicher Blick, voll Weisheit und Erkenntnis, der uns innehalten lässt und etwas in unserem tiefsten Inneren berührt – vielleicht, weil wir uns in diesen „magic moments" durch und durch erkannt und auch durchschaut fühlen.

Diese Blicke sind vielleicht einer der Gründe, warum es Menschen gibt, die Katzen als unheimlich empfinden. Sie halten dem intensiven Blick aus den geheimnisvollen Augen nicht Stand und fühlen sich unbehaglich dabei. Manchmal lässt sich etwas rational und wissenschaftlich eben nicht entschlüsseln, manchmal braucht man es einfach nur zu spüren. Katzen wissen das schon lange.

Happy End mit Second Hand

Eine Garantie zum schnellen „Rundum-Erfolg" gibt es nie, wenn eine Katze einzieht. Das ist auch bei Rassekatzen oder Katzenwelpen nicht anders. Manchmal verlaufen die ersten Wochen überraschend gut und erst nach ein paar Monaten wird es schwierig. Der Grund dafür ist relativ einfach und nachvollziehbar. Die empfindsamen „Individualisten" brauchen eine gewisse Sicherheit und eine Vertrauensbasis, um sich zu öffnen. Sie sind vorsichtig und vielleicht auch misstrauisch, deshalb halten sie sich lange zurück. Wir sollten mögliche Probleme nicht als Ausschlusskriterium sehen, sondern sie vielmehr als Chance betrachten, unsere Katze(n) besser kennenzulernen und mehr über ihr geheimnisvolles, vielfältiges Wesen zu erfah-

Mögliche Probleme

Jede Katze ist ein Individuum und hat ihren unverwechselbaren Charakter.

Happy End mit Second Hand

ren. Katzen können uns ihre Befindlichkeit zwar nicht in Worten mitteilen, aber sie haben viele andere Ausdrucksmöglichkeiten. Allein ihre unterschiedlichen Lautäußerungen haben eine immense Bandbreite.

Je mehr wir sie verstehen, respektieren und auf sie eingehen, desto mehr bekommen wir von ihnen zurück und sie zeigen uns ihr Wohlbehagen. Je mehr wir uns mit ihnen beschäftigen, desto mehr faszinieren sie uns und es eröffnen sich, gerade bei anfänglichen „Sorgenkindern", völlig neue Perspektiven, wie viele Tierbesitzer bestätigen werden. Solche Sorgenkätzchen wachsen uns auf dem gemeinsamen Weg besonders ans Herz, weil wir so viel Neues erfahren und durch sie lernen, was uns bisher verborgen blieb. Durch ihre individuellen großen und kleinen Macken fordern sie uns auf, sich mit ihnen auseinanderzusetzen – erst vielleicht notgedrungen und später mit wachsender Begeisterung und steigendem Interesse. Selbst langjährige Katzenkenner lernen nie aus und sind immer wieder aufs Neue fasziniert ob der vielen unterschiedlichen Facetten ihrer Lieblinge.

Katze ist eben nicht gleich Katze, weder aus erster noch aus zweiter Hand. Jede hat ihren unverwechselbaren Charakter. Eines wird aber immer gleich sein: Die Freude über ein gelungenes Happy End entschädigt uns reichlich für alle Mühen und Sorgen. Die anmutigen, klugen Geschöpfe wollen eben erobert werden und wenn wir uns auf sie einlassen, dürfen wir teilhaben an ihrer Welt, die so reich ist an Eindrücken, Empfindungen und Achtsamkeit, auch sich selbst gegenüber.

Eine Katze liebt Gemütlichkeit, Harmonie, Entspannung und körperliche Nähe, aber auch das Beobachten, das Spielen, das Jagen und die ungestörten Auszeiten. Sie beherrscht bemerkenswert den Ausgleich zwischen Energie und Ruhezeiten, zwischen Nähe und Distanz, zwischen Abhängigkeit und Selbstbestimmung. Wenn wir uns ihr öffnen, bringt sie uns das gern und geduldig bei. Das ist eines ihrer großen Geschenke an uns!

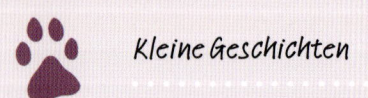

Kleine Geschichten

Kleine Geschichten

Meister Mika

Mika ist vor elf Jahren meiner Nachbarin zugelaufen. Damals war er etwa ein Jahr alt und saß im Erdgeschoss laut miauend am Fensterbrett. Wahrscheinlich hat er die anwesenden Katzen rund ums Haus gerochen und sich gedacht, dass es hier so schlecht nicht sein kann.

Da meine Nachbarin selbst zwei Katzen hatte, die alles andere als „amused" über den Schreihals waren, brachte sie mir den rotweißen Kater am nächsten Morgen zur einstweiligen Betreuung. Ich sah mir den Kleinen an und bemerkte eine tiefe, lange Schnittwunde an der rechten unteren Bauchseite, was sein Jammern erklärte. Das musste eindeutig genäht werden und ich verständigte meine Tierärztin, die, obwohl es Sonntag war, sofort in ihre Praxis kam.

Glücklicherweise hatte sich die Wunde nicht infiziert und das Kerlchen verkraftete Behandlung und Narkose ganz gut. Die Tierärztin vermutete als Ursache der Wunde das Schutzblech eines Mofas oder Motorrads. Da hatte er nochmal Glück gehabt!

Damals waren gechippte Katzen noch eine Seltenheit und er hatte auch keine Tätowierung, was das Suchen der Vorbesitzer nicht gerade erleichterte. Wir starteten die folgenden Wochen das ganze Programm mit Plakaten, Zeitungsinseraten, Tierheim und sonstigen Tierschutzinitiativen, aber ohne Erfolg. Allzu lange wollte ich den jungen Kater nicht betreuen und zögerte auch eine Namensgebung hinaus, weil ich genau wusste, dass es mir dann immer schwerer fallen würde, ihn wieder wegzugeben. Meine beiden Katzendamen Bonny und Luna waren auch nicht begeistert und entzogen sich jeglicher Kontaktaufnahme. Die zurückhaltende achtjährige Bonny fühlte sich in ihrer Ruhe gestört und die jüngere Luna war immer schon nervös und ängstlich.

„Katerchen" ließen diese Ressentiments unbeeindruckt. Er freute sich des Lebens, war freundlich, abenteuerlustig und machte nicht den Eindruck, als hätten ihn irgendwelche Erlebnisse traumatisiert. Sein Lebensmut war erstaunlich und ansteckend und ich spürte, trotz aller inneren Schutzwälle, dass ich ihn immer mehr ins Herz schloss.

Also doch erst einmal ein Name, danach würden wir weitersehen, beruhigte ich die mahnende Stimme der Vernunft. Und da gerade der Rennfahrer Mika Häkkinen Triumphe feierte, war das genau der passende Name. Denn auch der Kater war etwas blass, draufgängerisch, fröhlich und sympathisch, wie sein Namensvetter. Ich überlegte hin und her und überließ die Entscheidung einer Adoption letztendlich dem

Kleine Geschichten

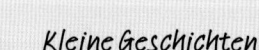

Schicksal, als Mika nach vielen Wochen seiner Genesung und erfolgter Kastration das erste Mal ins Freie durfte. Er würde selbst entscheiden, ob hier bei uns „sein" Platz war. Nach einer schier endlos langen halben Stunde hatte er entschieden und kam, sichtbar begeistert, über die Katzenleiter zurück. Von da an gehörte er zu uns und hat mich über die ganzen elf Jahre immer wieder beeindruckt mit seiner Anpassungsfähigkeit, seinem Mut und seiner Lebenslust.

Vier Umzüge haben wir gemeinsam hinter uns gebracht, einige Gefährten haben wir verloren und einige dazu gewonnen und er ist immer noch an meiner Seite, wie ein kleiner „Bodyguard", der mir immer wieder zeigt, wie wertvoll das Leben ist und wie viel Kraft aus einer starken Bindung erwachsen kann. Vor einigen Jahren war er vier Tage verschwunden und schleppte sich dann mit ausgekugeltem Oberschenkel, Bauchriss und vielen Blessuren nach Hause. Nach einer Woche in der Tierklinik, in der ich ihn täglich besuchte, nahm er ganz selbstverständlich und mit der gleichen unglaublichen Energie sein Leben wieder auf. Geblieben ist eine große Vorsicht an Straßen und die Angst vor Motorrädern. Aufgrund dieses Unfalls und noch vieler weiterer Abenteuer – zweimal kam er abhanden als vermutlicher Streuner – erhielt er seinen Titel „Meister".

Er ist kein einfacher Kater, fordert seine Bedürfnisse ein, ist sehr sensibel und sein Entdeckungsdrang sowie seine entwaffnende Offenheit Menschen gegenüber sind ungebrochen, was immer wieder zu Überraschungen führt. Zurzeit besucht er „auf ein Pläuschchen" regelmäßig die Leiterin des Supermarkts im Ort, ohne leckere Bestechung wohlgemerkt. Die beiden sind sich sehr sympathisch und er ist dann eine treue Seele. Langweilig wird es mit „Meister Mika" nie, auch wenn er inzwischen ruhiger ist und seine Schutzengel nicht mehr im Dauereinsatz sind. In Katzenkreisen genießt er höchsten Respekt und geht nach wie vor auch keinem stärkeren Rivalen aus dem Weg.

Er war und ist einer der größten Lehrer meines Lebens, der sich seit über zehn Jahren allen Herausforderungen mit Mut, Zuversicht und Entschlossenheit stellt und ich bin froh und dankbar, dass ich damals das Schicksal entscheiden ließ. Er braucht seine Selbstständigkeit und gehört in erster Linie nicht mir, sondern sich selbst. Aber er gehört „zu" mir, weil er das will, und das macht mich sogar ein bisschen stolz – und auch glücklich.

Meister Mike

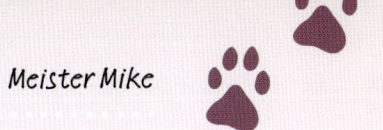

„Meister Mika" – Lehrmeister und treuer Freund.

Kleine Geschichten

Drei auf einen Streich

Vor einigen Jahren erreichte mich ein Hilferuf aus dem Tierheim: Es ging um drei junge ausgesetzte Katerbrüder, die zu der Zeit noch bei einem Tierarzt zur Erstversorgung waren. Es war Herbst und alle Tierheim- und Pflegeplätze waren schon überbelegt, sodass ich die drei Tigerkater abholte und vorerst zu mir brachte. Ich war überrascht, dass sie doch schon ein paar Monate alt waren, hatte ich mich doch auf Welpen eingestellt. Aber wie die Drei, fest aneinandergekuschelt, ängstlich aus der Transportbox lugten, hatten sie mein Herz schon erobert. Ich brachte sie in einem kleinen Raum unter, zeigte ihnen alles und bemerkte schnell, dass sie so gar nicht an Menschen gewöhnt waren. Bei jeder Bewegung von mir zuckten sie zusammen oder versteckten sich. Sie waren wie Wildtiere, die den Menschen als Bedrohung empfinden. Na, das konnte ja heiter werden …

Sie fraßen nur, wenn ich nicht anwesend war, und das Katzenklo blieb unbenutzt, sodass ich sie nachts, mit allem Zubehör, ins Bad verfrachtete, damit das Saubermachen nicht gar so schlimm war. Mir graute jeden Morgen vor dem Anblick im Bad und solange sie sich nicht anfassen ließen, konnte ich sie auch nicht in die Katzentoilette setzen. Vermittlungsfähig waren sie so wohl kaum, wer wollte schon unsaubere „Wildkatzen".

So begann ich mit der langsamen „Zähmung", indem ich sie am Abend mit ins Wohnzimmer nahm. Da hatten sie mehr Raum zum Austoben und ich konnte ruhig bei ihnen sitzen und auch versuchen, etwas mit ihnen zu spielen. Teilweise lief die Wohnzimmerbelegung im Rotationsprinzip ab, weil meine eigenen drei Katzen höchst beleidigt waren und absolut keine Freundschaft schließen wollten.

Die drei Pfleglinge nannte ich Timmy, Tobi und Ted, wobei Ted eindeutig der schüchternste war. Timmy und Tobi konnte ich schon etwas berühren und Tobi begann es auch langsam zu genießen. Nur Ted wurde sofort panisch und verschanzte sich, wo es nur ging. Es konnte schon etwas dauern, bis ich die Drei zufrieden, hungrig und müde dann wieder im Bad hatte.

Langsam wurde es besser, auch mit der Sauberkeit, und sie bekamen mehr Freiheiten in der Wohnung. Es war eine Freude, ihnen zuzusehen, wie sie miteinander spielten, so wie ich es bisher eben nur bei Geschwistern kannte. Ihre Energie war unglaublich, was meine Pflanzen am meisten zu spüren bekamen. Und

Drei auf einen Streich

sogar Ted hielt jetzt still, wenn ich ihm das Köpfchen kraulte. Sie waren bei Weitem noch keine Kuschelkätzchen, aber es war kein Vergleich mehr zum Anfang und sie wurden auch zusehends frecher.

Ihr Entdeckungsdrang wuchs täglich und so sehr ich auch aufpasste, entwischten mir Timmy und Tobi eines Tages ins Freie. Ted hatte sich anscheinend nicht getraut und saß verstört vor dem offenen Spalt der Balkontür. Ich war völlig verzweifelt, wusste ich doch, dass sich die beiden Ausreißer draußen nie würden einfangen lassen, dazu war die Bindung noch nicht eng genug. Ich machte mich trotzdem auf die Suche und fand beide im kleinen Abstellraum im Garten. Bei meinem Anblick reagierten sie panisch, als wäre ich völlig fremd, und ich bekam nur Timmy zu fassen. Tobi flüchtete ins Freie und war weg.
Zitternd brachte ich Timmy zu seinem Brüderchen in die Wohnung und wartete voller Sorgen. Abends ließ ich die Balkontür vom Gästezimmer offen und tat kein Auge zu. Morgens um fünf hörte ich ein Kratzen, stand sofort auf und da lag Tobi am Bett des Gästezimmers und Ted hatte an die Tür gekratzt, weil er ihn bemerkt hatte. Tobi war sichtlich stolz auf seinen Ausflug, war er doch sowieso der Mutigste, und mir fiel ein Stein vom Herzen.

Nach dieser Aktion war klar, dass sich etwas ändern musste, denn die Drei waren danach schwieriger zu hüten als ein Sack Flöhe. Der Ruf der Freiheit wurde immer stärker und langsam mussten wir ein festes Zuhause für die Abenteurer finden. Schweren Herzens brachte ich sie ins Tierheim und die liebe Leiterin des Katzenhauses versprach mir, den scheuen Ted, der sich nun wieder nicht anfassen ließ, nur mit einem seiner Brüderchen zu vermitteln. Auch reine Wohnungshaltung kam für die „Naturburschen" nicht infrage, sie brauchten Freigang. Ich besuchte sie noch öfter und es dauerte nicht lange, da hatten sie alle ein Heim mit Auslauf gefunden, wo sie sich prächtig entwickelten.

Ich denke gern an meine drei „Halbwilden" zurück und daran, dass zähmen viel mehr bedeuten kann als bändigen oder die Wildheit nehmen, wie es im Duden steht. „Es bedeutet: sich ´vertraut machen´." (Der Kleine Prinz, Antoine de Saint-Exupéry)

Kleine Geschichten

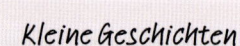

Manche Katzen brauchen einfach eine gewisse Freiheit – dann fühlen sie sich wohl.

Bonny

Meine ersten beiden Katzen, Tiger und Lisa, waren Geschwister und verstanden sich prächtig. Sie liebten es, gemeinsam die Natur zu erkunden, und waren immer zusammen. Eines Tages kam Lisa allein zurück und Tiger blieb verschwunden. Alles Suchen war erfolglos und Lisa litt sehr unter dem Verlust, genau wie ich. Wahrscheinlich hatte sie etwas mitbekommen, jedenfalls wurde sie sehr schreckhaft und mochte auch keine Artgenossen mehr. Von Homöopathie zur Unterstützung hatte ich damals leider noch keine Ahnung.

Nach ein paar Monaten wurde mir von einer privaten Tierhilfe ein graues Katerchen angeboten. Der ganze Wurf war in einer Mülltonne entdeckt worden und musste erst noch aufgepäppelt werden. Vielleicht konnte ich Lisa damit etwas Gutes tun und ihren Frohsinn wieder wecken. Ein kleiner Kater war wohl besser als eine Katze, wurde mir geraten. Also holte ich den Hübschen mit seinen weißen Pfötchen und stellte ihn Lisa vor. Sie fauchte und flüchtete dann sofort nach draußen. So ging das einige Tage und Bonifaz, wie ich den Kater nannte, bekam richtige Angst vor Lisa. Ich war ganz unglücklich, wollte ihn aber auch nicht

Bonny

mehr hergeben, denn richtig aggressive Angriffe gab es nicht und ich hoffte auf die Zeit. Als ich dann zur Impfung bei der Tierärztin war, kam die große Überraschung: Mein Bonifaz war kein Kater, sondern eine Katze! Wir hatten es alle nicht gemerkt und das erklärte auch Lisas konsequente Abneigung.

Nun wurde aus Bonifaz also Bonny und ich musste mir dringend etwas zur Friedensstiftung einfallen lassen. Lisa mochte Butter sehr gern und ich verteilte etwas davon auf Bonnys Köpfchen. Sofort nahm Lisa Witterung auf und begann, der verdutzten Bonny das Köpfchen zu schlecken. Von da an herrschte Frieden, wenn auch keine große Liebe. Die beiden Damen akzeptierten sich und Bonny entwickelte sich zu einer richtigen Schönheit mit tiefgründigen, grünen Augen.

Sie blieb eine ruhige, verhaltene, vorsichtige Katze, die zwar gern ins Freie ging, aber nie weit weg war. Von einem erhöhten Platz die Umgebung zu beobachten war ihre Lieblingsbeschäftigung. Nie fing sie Streit mit Artgenossen an, war aber durch ihre friedliche Ausstrahlung auch selten Opfer und mochte besonders die abendliche Kuschelzeit. Sie drängte sich nie auf, sondern wartete ab, bis ich Zeit für sie hatte, und war in allen Lebenslagen lieb und brav.

Auch in ihren späten Jahren, nach einigen Umzügen und einigen neuen Mitbewohnern, blieb sie stets gelassen und zufrieden. Meine erste Hündin Diana tolerierte sie ohne Panik und mit ihrer ganz eigenen Nonchalance. Sie war zwar immer etwas zurückhaltend und in sich gekehrt, aber Hauptsache, sie war bei mir und hatte ein warmes Fensterplätzchen und bei Bedarf die Möglichkeit eines kleinen Spaziergangs. Sie war die Einzige aus dem damaligen Wurf, die zwölf Jahre wurde, wie ich später erfuhr. Auch als sie schwer erkrankte, behielt sie ihre Würde und ihre kleinen Gewohnheiten. Bonnys Motto war: „In der Ruhe liegt die Kraft", und sie hat mir dadurch in vielen Wirren und Verwirrungen Sicherheit und Geborgenheit vermittelt.

Wie es uns Menschen oftmals eigen ist, fiel mir das erst richtig auf, als sie nicht mehr da war. Es sind eben manchmal die unauffälligen, stillen Wesen, die im Nachhinein eine so große Lücke hinterlassen und uns ein wenig betroffen zurücklassen. Manchmal stellt uns das Schicksal auf unserem Weg Helferlein an die Seite – und manchmal haben diese vier weiße Pfötchen, ein weiches graues Fell und wundervolle grüne Augen.

Kleine Geschichten

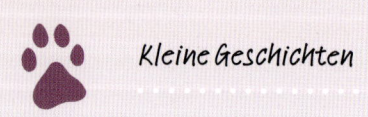

Mimmi – die gute Laune auf vier Pfötchen!

Mimmi

Als wir wieder einmal umgezogen waren und wir alle, Meister Mika, meine liebe Hündin Neva und ich, uns rundum wohlfühlten, dachte ich über ein zweites Kätzchen nach. Mika war zwar schon einige Jahre allein mit uns, bedingt durch die Verkehrssituation in der früheren Wohnung, aber hier auf dem Land wäre doch eine „Kumpeline" ideal. Also machte ich mich, ohne große Vorstellungen, auf ins Tierheim.
Ein wenig kannte ich Mikas Vorlieben in Bezug auf die holde Weiblichkeit: Die Zierlichen, Schüchternen gefielen meinem Meister besonders, Zicken und Tigerkatzen mochte er überhaupt nicht. Einfach war es also nicht und bei unserem Rundgang zeigte mir die freundliche Leiterin des Katzenhauses auch einige jüngere Kätzchen, die aus schlechter Haltung kamen und erst noch Pflege brauchten. Ob man sie alle durchbekommen würde, war ungewiss, sowie auch der Gesundheitszustand noch nicht eindeutig war. Häusliche Fürsorge wäre natürlich besser für die Kleinen, aber bis zur offiziellen Vermittlung müsste man deshalb noch warten.
Ich war mir des Risikos bewusst, überlegte aber nicht mehr lange und nahm ein rotes weibliches Kätzchen gleich mit, in der Hoffnung auf „Welpenschutz" bei Mika. Zu Hause angekommen war Neva sehr interessiert an der Neuen und Mika fauchte erst mal kräftig, ging aber nicht auf sie los. Das war doch schon mal nicht schlecht. Und die Kleine war auch gar nicht verschreckt, begann zu fressen und zu spielen, vermisste ihre Geschwisterchen anscheinend kein bisschen und kannte offensichtlich auch Hunde.

Die Freude meinerseits währte aber nicht lange, denn am nächsten Tag begann das Elend. Minou, wie ich sie damals noch nannte, bekam einen schlimmen Katzenschnupfen und steckte Mika nach ein paar Tagen an. Es stand sehr schlecht um die Kleine, die kaum etwas auf den Rippen hatte und fast nichts zu sich nahm. Mika war doch viel robuster, aber trotzdem ein Bild des Jammers. Zusammen mit dem Tierarzt, der sich auch am Wochenende Zeit für uns nahm, und der Rund-um-die-Uhr-Pflege ging es nach Wochen endlich aufwärts. Kaum war Mika aber wieder bei Kräften, wuchs seine Abneigung gegenüber Mimmi, wie sie inzwischen hieß. Sie machte nämlich immer klare Ansagen, wenn sie etwas wollte, und das hörte sich eben wie ein langgezogenes „Miimiii" an.

Mika hatte seinen schlechten Zustand wohl Mimmi zugeordnet und ging jetzt immer öfter auf sie los. Sie

Kleine Geschichten

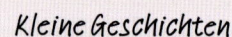

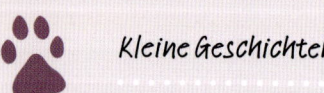

steckte das aber sehr gut weg, war gut gelaunt und sehr aktiv. Mika wurde richtig missmutig, blieb immer länger draußen und ich verabreichte ihm sein homöopathisches Mittel und hofierte ihn ganz besonders. Ich kannte ihn inzwischen gut genug, um zu merken, dass die Übergriffe auf Mimmi nicht so dramatisch waren wie seine üblichen Revierkämpfe. Er war eifersüchtig und gekränkt und ließ mich lange zappeln, bis er meine Zuneigung wieder entsprechend erwiderte.

Jetzt, nach einem Jahr, ist er wieder ganz der Alte und wie üblich „Chef vom Dienst". Mimmi ist unser Sonnenschein und hat richtig Leben in unsere Senioren-WG gebracht. Sie wirbt unerschrocken jeden Tag, mit wechselndem Erfolg, um Mikas Gunst, ist eine große Mäusejägerin und mag auch gern kuscheln, wobei sie mir dann hingebungsvoll die Hand leckt. Sie ist die „Gute Laune auf vier Pfötchen", hat keinerlei Allüren, aber einen starken Willen und quasselt gern. Fremden gegenüber ist sie sehr scheu und draußen etwas schreckhaft, aber in der Wohnung ist sie wie ein kleiner, frecher Kobold, dem nichts entgeht. Sie kriecht in den Futterschrank, hat sogar schon einen Meisenknödel angeknabbert, bekämpft den Staubsauger und springt im Übermut auch mal die verdutzte Neva an. Sie lässt sich von Mika durch die Wohnung jagen, schläft nachts schnurrend an meine Beine gekuschelt und ist nicht enttäuscht, wenn Mika mal wieder ihren Lieblingsplatz auf dem Sofa belegt.

Ihr Frohsinn ist ansteckend und hat uns allen, einschließlich Mika, gutgetan. Er wirkt inzwischen viel lebhafter und ausgeglichener und genießt sichtlich Mimmis unerschöpfliche Bewunderung. Ihre Geschwisterchen im Tierheim haben leider nicht alle überlebt und ich bin sehr froh, dass ich mich vor einem Jahr spontan für sie entschlossen habe. Denn Mimmi hat uns wirklich noch gefehlt!